RAFAEL TERRA

siga @terradorafael

AUTO RIDADE DIGITAL

AUTORIDADE DIGITAL

COMO SE TORNAR UMA MARCA PESSOAL VALORIZADA, CONQUISTAR MAIS VISIBILIDADE E OPORTUNIDADE ATRAVÉS DA WEB. SEM ENLOUQUECER OU FICAR ESCRAVO DAS REDES SOCIAIS

DVS Editora Ltda. 2023 – Todos os direitos para a língua portuguesa reservados pela Editora.

Nenhuma parte deste livro poderá ser reproduzida, armazenada em sistema de recuperação, ou transmitida por qualquer meio, seja na forma eletrônica, mecânica, fotocopiada, gravada ou qualquer outra, sem a autorização por escrito dos autores e da Editora.

Design de capa: Felipe Onzi
Projeto gráfico: Bruno Ortega
Diagramação: Márcio Schalinski | LC Design & Editorial
Revisão: Fábio Fujita

```
Terra, Rafael
    Autoridade digital : como se tornar uma marca
pessoal valorizada, conquistar mais visibilidade
e oportunidades através da web. sem enlouquecer
ou ficar escravo das redes sociais! / Rafael
Terra. -- 1. ed. -- São Paulo : DVS Editora,
2022.

    ISBN 978-65-5695-079-2

    1. Celebridades da Internet 2. Conteúdo gerado
pelo usuário 3. Marcas de produtos - Marketing
4. Marketing digital 5. Mercado digital 6. Mídias
digitais 7. Redes sociais on-line 8. Sucesso nos
negócios I. Título.

22-137877                                    CDD-658.85
```

Índices para catálogo sistemático:

1. Marketing digital : Planejamento estratégico 658.85

Nota: Muito cuidado e técnica foram empregados na edição deste livro. No entanto, não estamos livres de pequenos erros de digitação, problemas na impressão ou de uma dúvida conceitual. Para qualquer uma dessas hipóteses solicitamos a comunicação ao nosso serviço de atendimento através do e-mail: atendimento@dvseditora.com.br. Só assim poderemos ajudar a esclarecer suas dúvidas.

RAFAEL TERRA

siga @**terra**do**rafael**

AUTORIDADE DIGITAL

COMO SE TORNAR UMA MARCA PESSOAL VALORIZADA, CONQUISTAR MAIS VISIBILIDADE E OPORTUNIDADES ATRAVÉS DA WEB. SEM ENLOUQUECER OU FICAR ESCRAVO DAS REDES SOCIAIS!

São Paulo, 2023
www.dvseditora.com.br

SUMÁRIO

Prefácio 7

Prepare-se para conquistar o reconhecimento que você merece 13

Introdução: A base para ser uma autoridade digital 17

Conceitos de Autoridade Digital 23

Como Se Diferenciar no Seu Mercado com Autoridade Digital 31

Conhecendo a Pirâmide da Autoridade Digital e Escolhendo o Seu Lugar Nela . 45

Como Começar a Construir a Sua Autoridade Digital 59

Definição do Posicionamento da Sua Marca Pessoal 71

O Passo a Passo para a Definição da Sua Autoridade Digital 81

Como e Por Que Criar Editorias de Conteúdo 89

Os Seis Fatores-Chave da Autoridade Digital 105

Dez Erros na Construção da Sua Autoridade Digital (e Como Evitá-los) . . . 115

Site: a Casa da Sua Autoridade Digital 127

A Importância do Google para Sua Autoridade Digital 139

Posicionando Sua Marca Pessoal no LinkedIn 149

Posicionando sua Marca Pessoal no Instagram 159

Posicionando Sua Marca Pessoal no Facebook 173

Posicionando Sua Marca Pessoal no YouTube 181

Autoridade Digital no TikTok 187

Guia Rápido: 30 Tipos de Conteúdo que Aumentam a Sua Autoridade Digital . . 201

Como Virar Notícia na Mídia e Aumentar a Sua Autoridade Digital 217

Como Perder o Medo de Aparecer e Começar a Gerar Oportunidades na Web . . 225

Como Lucrar com Autoridade Digital 231

Métricas de Autoridade Digital: Como Saber se Você Chegou Lá 239

De Olho no Futuro: 20 Tendências para Aumentar a Sua Autoridade Digital . . 243

Lista: 15 Principais Dúvidas sobre Autoridade Digital 251

Considerações Finais: Vejo Você Aqui, no Lado da Autoridade Digital 267

PREFÁCIO

Talvez um dos erros mais danosos e um dos que mais afetam a maioria dos profissionais no mercado seja tentar representar muitas coisas e acabar não representando absolutamente nada. Marcas pessoais vazias de significado. Uma doença destes nossos tempos na obsessão por sucesso. Muita gente visível, mas sem significado. E significado está na raiz da autoridade.

Isso é muito frequente e muito mais comum do que se imagina. Principalmente nesse enorme oceano do mundo digital. Gente que se movimenta freneticamente, gente que produz conteúdo, gente que trabalha muito, que se esforça, mas que não domina nada. Profissionais que cruzam com você e que de alguma forma, momentaneamente o impactam no seu *feed*, mas que não "se colam" a nenhum tópico na sua mente. Gente visível, alguns até muito conhecidos, mas que são totalmente esquecíveis por não representarem absolutamente nada no mercado.

Duvida?

Reflita comigo: quantos profissionais você conhece que estão no mundo digital e que trabalham produzindo algum conteúdo diariamente nas redes sociais? Você deve ter se lembrado de muitos. Agora visualize mentalmente alguns deles e tente classificá-los por domínio de temas e tópicos. Tente classificá-los por suas autoridades.

Você vai constatar que consegue associar mentalmente, com clareza, os nomes (suas marcas pessoais) de muito poucos deles a algum tema relevante. E são estes que você consegue associar que acabam se tornando referências para você. Eles se tornaram realmente autoridades dominando alguma coisa: um tema, um tópico, uma especialidade, uma técnica, uma solução. Você se lembra do tema e o associa ao nome. Você pensa na pessoa e se lembra do tema que ela domina.

O resto? Bom, o resto aparece na sua mente envolto numa certa nuvem de certezas e incertezas. Ora surgem na sua frente no *feed*, e você se lembra vagamente do que fazem, ora estão surfando alguma *trend*, ora com alguma informação, momentaneamente pertinente, mas invariavelmente eles desaparecem da sua lembrança em meio a uma avalanche de estímulos, dados e fatos na grande seara da internet.

Os primeiros, as autoridades nas suas áreas, vêm para a frente do seu cérebro como soluções de problemas. São percebidos por você como mestres nos seus temas. Ganham pertinência e se tornam relevantes na sua vida. Os demais se vão tão rápido como surgiram.

Então, autoridade faz você ser reconhecido no mercado. E a importância estratégica de ser reconhecido é que ela é a porta de entrada para você ser considerado entre as centenas de outros profissionais que fazem a mesma coisa que você. Percebe a importância?

Se você encarar esse quadro somente pelo ponto de vista da busca de presença digital da sua marca pessoal, a irrelevância já seria um sintoma relevante para se preocupar. Mas quando você reflete sobre o poder da autoridade na sua vida profissional, isso ganha uma proporção muito mais ampla e estratégica.

Sabe por quê?

Porque a autoridade das nossas marcas pessoais tem um poder enorme sobre nossas carreiras. Essa percepção de valor sobre sua marca pessoal não só faz você mais respeitável para se orgulhar da sua própria trajetória, mas também gera enormes ganhos tangíveis no seu negócio, na sua profissão e no seu dia a dia.

É só você refletir que, como seres humanos em sociedade, passamos o dia (do acordar até o deitar) negociando. Negociamos tudo o tempo todo. Com a família, com os filhos, amigos, conhecidos, equipe, líderes, liderados, fornecedores, clientes e assim por diante. E essas negociações são afetadas pelas percepções que as pessoas têm da gente.

A mesma afirmação dita por mim, por você ou por um megaespecialista pode ter pesos e aceitações completamente diferentes.

Se isso impacta o campo geral das relações, afeta dramaticamente a vida profissional no seu sentido mais tangível: o seu valor percebido pela sua audiência (no mundo real e no mundo virtual). Dessa forma, a sua autoridade percebida desequilibra contratos, altera a sensibilidade ao preço, cria desejo, mas essencialmente lhe gera valor de marca, reduz o atrito das negociações dos contratos profissionais e lhe proporciona o que eu chamo de fluidez na carreira.

Imagine por um minuto ser recomendado pelo mercado sem precisar pedir por isso; ser desejado pelos clientes que ouviram falar de você e do seu trabalho; ser percebido como o melhor da categoria; os clientes estarem desejosos das suas soluções e as acharem as mais acertadas antes mesmo de ouvirem você. Essa é a fluidez a que me refiro. Quanto valeria isso para você?

Esse é o poder da autoridade, que amplia exponencialmente o seu valor percebido no mercado e que o faz percebido como único. E em essência, as marcas nasceram para fazer isto: para criar desigualdade entre coisas aparentemente iguais. Ou seja, só cumprem a sua missão maior como marcas quando fazem de você valioso por ser diferente, por ser singular.

E essa singularidade não é uma diferenciação visual. Isso seria muito fácil com alguma coisa bizarra que o fizesse ser muito conhecido. Essa diferenciação exige uma combinação estratégica entre imagem, atitude e uma obra.

E é nesse último pilar, no que se refere à obra, é que entra a dominância de alguma coisa que o faça diferente de todo mundo. Que o faço dono de um monopólio de valor em oposição a todos os outros profissionais que fazem o mesmo que você.

É aqui que entra a autoridade da sua marca pessoal. E ela depende de dois grandes fatores. O primeiro é o seu legítimo domínio sobre alguma coisa. Domínio daquele tópico, daquele tema, daquela solução (de que eu falava acima) associada ao seu nome. Mas também do fator *reconhecimento*, vital para ser tornar uma autoridade.

Porque não basta você ser a maior autoridade do mundo em alguma coisa se ninguém souber disso. Então, é fundamental que você seja realmente alguém que domina uma coisa, mas que também seja reconhecido por ela.

E é aqui que o Rafael Terra lhe oferece toda a sua expertise, toda a sua experiência, todo o seu conhecimento, para que você obtenha o merecido reconhecimento pelo que você domina nessa enorme selva corporativa onde todos lutam pelo mesmo espaço.

Então, eu diria para você que o tema deste livro é definitivo. Altamente estratégico para o seu sucesso como marca pessoal no mundo digital, sabendo como obter reconhecimento para se tornar uma marca com autoridade que vale muito mais do que a média de mercado.

O livro lhe oferece não só os fundamentos dessa construção, mas também aqueles detalhes técnicos, as referências, o "onde buscar" e "o que fazer" que só uma autoridade no digital da estatura do Rafael Terra poderia lhe oferecer.

Você tem pela frente um valioso guia com o passo a passo do que fazer e do que evitar, dos movimentos a serem implementados, dos enfrentamentos necessários, das ações estratégicas, rede social a rede social, com suas especificidades. Este livro conta com minúcias técnicas que você não encontra facilmente no mercado. E com a experiência, a didática e a linguagem acessível de quem está acostumado a falar para imensas plateias nas suas palestras e com milhares de alunos das suas mentorias — que foram conduzidos e transformados pelas mãos do Rafael Terra.

Então, eu só tenho a desejar que você faça esse mergulho profundo o mais rápido possível e que você possa se entregar de cabeça à ideia de ter sua marca pessoal transformada pelo conceito de construção de Autoridade Digital proposto neste livro pelo Rafael Terra.

Para mim, o conteúdo foi altamente estratégico e muito valioso nas minhas buscas profissionais. É daqueles livros que você pega para ler e não consegue parar mais. E eu espero que também o seja para você. Definitivo para a sua transformação.

Posso assegurar que você não poderia estar em mãos melhores neste desafio.

Boa leitura! Sucesso!

Arthur Bender
Escritor, palestrante, mentor.
Criador do conceito de
personal branding no Brasil.

@arthur.bender

COMPARTILHE EM SEUS STORIES

NÃO BASTA SER O MELHOR PROFISSIONAL. É PRECISO TER O MELHOR MARKETING!

@TERRADORAFAEL

PREPARE-SE PARA CONQUISTAR O RECONHECIMENTO QUE VOCÊ MERECE

Eu amo contratos! Faço contrato para tudo, pois não saber o que esperar do outro é sempre o início de toda crise. Então, seja uma marca que assume contratos!

E neste livro não será diferente. Meu contrato aqui é ajudá-lo a descobrir o universo de oportunidades que profissionais com **Autoridade Digital** podem conquistar em suas carreiras!

Faça contrato consigo mesmo, contrato com o outro e contrato com o mundo!

Tenha uma promessa forte, assuma-a e, principalmente, **cumpra sua promessa com excelência.**

Afinal, se você decidiu ler esta publicação, deve ter notado que o mundo das carreiras mudou completamente. Antigamente profissionais bem-remunerados e com autoridade eram aqueles com um milhão de títulos em suas áreas.

Não que títulos e certificados não sejam importantes. Mas na era das redes sociais, ninguém saberá da sua qualificação se você não mostrar nem se fizer ouvir.

Quem ganha o jogo hoje é quem tem a atenção e a confiança das pessoas na web.

Certificados podem ajudar, mas o que realmente fará você subir de nível profissional — ganhar o valor que merece — é o seu poder de fazer marketing em torno do seu nome e conquistar a sua Autoridade Digital. E essa é a proposta deste livro!

E para ficar totalmente claro: nada contra estudar ou buscar títulos. **Conhecimento é a base de tudo!** Até porque ler este livro é buscar conhecimento.

Mas o que quero lhe contar desde o início é que mais importante que um milhão de títulos na parede é o valor que você gera na vida das pessoas na web. É quando você exponencializa o seu conhecimento por meio do digital e impacta mais pessoas que o seu valor como profissional aumenta.

Sem contar que, quando conquista Autoridade Digital, começam-se a abrir inúmeras portas com tudo o que o faz feliz, lhe traz realização pessoal e potencializa seus ganhos financeiros. Convites para palestras, consultorias, mentorias etc., tudo isso passa a ser parte da sua rotina! Aprofundaremos esses temas durante os próximos capítulos.

Aliás, eu escuto muito de alguns mentorados:

Rafa, eu sou mais qualificada e entrego mais que meus concorrentes, mas eles vendem mais porque **bombam** *nas redes sociais.*

E eu respondo: "Sim, é sobre isso." Os convites vão para onde está a atenção das pessoas. **Vamos bombar também?**

Este é o convite que eu lhe faço agora: pare de perder oportunidades para pessoas menos qualificadas que você. Ocupe o lugar que você merece!

Vou lhe contar uma história pessoal rapidinha, que traduz um pouco do que mencionei.

Eu ministro aulas em MBA de marketing digital em várias instituições de ensino do país. Mas um dos meus sonhos sempre foi ministrar aulas na USP, pois é a melhor universidade brasileira e uma das melhores do mundo, de acordo com o QS World University Ranking.

No entanto, sempre achava que era um sonho distante, pois a maioria dos professores de lá têm mestrado e doutorado, enquanto minha carreira é mais pautada no trabalho prático no âmbito digital, mercado em que atuo desde os 17 anos e no qual já atendi a mais de 2 mil empresas em projetos digitais.

Pois bem, numa certa manhã, ao abrir a minha caixa de e-mails, lá estava um convite da USP para integrar o time de professores não de um, mas dois de seus MBAs: o de marketing e o de negócios. De lá para cá, inclusive, já fui o responsável por fazer a aula inaugural de vários deles.

Resumo da ópera: quando você conquista Autoridade Digital, os seus maiores sonhos se tornam realidade!

Você começará a receber convites que nem imaginava que eram possíveis.

Vamos começar?

COMPARTILHE EM SEUS STORIES

AUTORIDADE DIGITAL É O QUE FAZ AS PESSOAS PRESTAREM ATENÇÃO NA SUA MENSAGEM E RECOMENDÁ-LA AOS OUTROS!

@TERRADORAFAEL

INTRODUÇÃO: A BASE PARA SER UMA AUTORIDADE DIGITAL

Imagine a seguinte situação: você vai à Netflix procurar um filme para assistir e, quando nota, se passaram horas e você não assistiu nada. Ficou só zapeando, perdido no meio de tantas opções. Fácil de acontecer, não é mesmo?

Agora pense em outro cenário.

Um amigo que conhece os seus gostos lhe indica um filme que, segundo ele, é "a sua cara". Ou melhor: o seu influenciador preferido, aquele em quem você mais confia, faz Stories no Instagram com um *review* do último filme a que ele assistiu e amou.

O que ocorre nesse segundo cenário? A decisão de qual filme assistir fica mais fácil. O motivo é simples: é sempre melhor seguir a indicação de alguém em quem confiamos!

Ou seja, quando uma pessoa em quem confiamos nos indica algo ou alguém, a decisão de escolha sempre encurta, e se torna mais fácil bater o martelo. E assim também é com as marcas pessoais.

Ser uma Autoridade Digital é ser indicado mais vezes, seja pelo algoritmo das plataformas digitais ou pelos seus seguidores.

Sempre foi e sempre será assim. A história nos mostra isso. Desde sempre, **procuramos modelos confiáveis para seguir**, pois nós, como seres humanos, somos perdidos. Portanto, é o nosso instinto de sobrevivência falando mais alto, sempre querendo nos deixar seguros.

Nossos primeiros modelos confiáveis foram nossos pais ou pessoas que nos criaram. Depois, nossos amigos e nossos artistas preferidos na adolescência. Crescemos um pouco e passamos a admirar e seguir marcas, influenciadores digitais e alguns profissionais que são referências no nosso nicho e em áreas nas quais temos interesse.

E sabe o que essas pessoas e marcas que seguimos têm em comum? **Elas geram valor para o outro.**

Gerar valor sempre está relacionado ao interesse do outro, a ajudar o outro. O início da construção da sua Autoridade Digital, então, tem que ser a sua disposição em ajudar.

E como se faz isso na web? Gerando conteúdo que dê *match* entre a sua expertise e aquilo que ajude a sua audiência a conquistar os objetivos dela. É como uma ponte: cada *post* que você publica tem que aproximar o seu seguidor da conquista de um sonho ou afastar algum medo na trajetória dele.

Autoridade Digital é o que faz as pessoas prestarem atenção na sua mensagem e recomendá-la aos outros!

Aqui não tem espaço para egoísmo ou entrega miserável. Quanto mais você produz conteúdo no digital:

- mais sua marca é ranqueada nos mecanismos de busca;
- mais pessoas passam a admirar o seu posicionamento;
- mais sua audiência e voz de marca aumentam, também, a médio prazo.

Analise os grandes influenciadores de finanças no Brasil, por exemplo, e verá que eles publicam vídeos semanais no YouTube e disponibilizam conteúdo diário no Instagram. Assim acumulam milhões de *views* e, por consequência, milhões em suas contas bancárias!

Sim, aumentar audiência é importante, e isso não está relacionado ao ego, e sim a aumentar o alcance da sua voz de marca. Afinal, uma mensagem "sem conteúdo", mas com muita audiência, impacta e converte. Entretanto, uma mensagem megarrelevante sem audiência é praticamente nada, pois não impactará ninguém.

Sem contar que não ter audiência na web é uma perda de tempo. E, vamos combinar, tempo é tudo o que temos e somos frutos do que fazemos com ele. Então, se for entrar de verdade no jogo da Autoridade Digital, entre para impactar o maior número de pessoas!

O escritor Craig Wright, em seu livro *Os Hábitos Secretos dos Gênios*, diz que "os maiores gênios são aqueles que causam o maior impacto sobre a maioria das pessoas e por mais tempo".

Eu diria que profissionais com Autoridade Digital também o fazem.

VOCÊ VIRA AUTORIDADE QUANDO O OUTRO DIZ

Note que, no início dos capítulos deste livro, eu sempre trago uma frase de impacto sobre o tema e com o meu perfil nas redes sociais, **@terradorafael**. Essa é uma estratégia que já usei em outras publicações, como no meu livro *Instagram Marketing*, e deu bastante certo. Então, eu a repeti neste.

Qual a estratégia? Estimular os leitores a postarem em seus Stories. Com isso, sutilmente, estarão indicando o meu livro e meu nome como profissional para os seus seguidores.

E este é um ponto crucial na busca por Autoridade Digital: ser citado!

Afinal de contas, não somos aquilo que falamos que somos. **Somos aquilo que o outro fala sobre a gente**. Por isso, desde o início você tem que se relacionar genuinamente com sua rede, com seu mercado e, obviamente, com seus clientes.

A geração de feedbacks e avaliações deve ser uma busca contínua por parte do profissional que quer aumentar a própria Autoridade Digital. **#Spoiler**: aconselho você, inclusive, a ter um Story fixo no Instagram só com depoimentos de pessoas que já usaram a sua solução.

É importante também entender que as pessoas só vão se lembrar de falar da sua marca na alegria e na tristeza — nessa última, quando algo deu errado. Para o feedback positivo acontecer, a experiência de marca tem que ser excelente ou surpreendente.

Por exemplo, surpreenda o seu cliente com um contato depois de algum tempo que ele comprou o serviço. Ele vai se surpreender porque a maioria dos profissionais está bem-disposta só na hora da venda, então se importar no pós-venda é um diferencial relevante.

Uma dica para aumentar o número de citações sobre a sua marca é produzir conteúdo com os seus parceiros de negócios. Afinal, a melhor forma de engajar alguém é falar sobre este alguém. Dê protagonismo ao seu cliente, que ele lhe dará o feedback e o compartilhamento!

Outro ponto importante nesse sentido é quando alguém que tem uma reputação num determinado nicho nos indica. Isso aumenta muito a autoridade. Este é o caso do famoso *diga-me com quem andas e te direi quem és*.

Exemplo disso aconteceu quando lancei meu livro *Instagram Marketing*, com prefácio assinado pela Martha Gabriel, uma das pensadoras mais influentes da América Latina. Ela divulgou o livro na rede social dela e, além de aumentar as vendas, essa única publicação me gerou mais de 1.000 novos seguidores no Instagram.

Fazer um trabalho com influenciadores digitais do seu nicho também gera muitos resultados nesse sentido. Dar a eles uma amostra do seu trabalho é uma alternativa. Afinal, eles só falam daquilo que experimentam.

Agora, é preciso ficar muito claro: **autoridade é diferente de visibilidade!**

Por exemplo, um participante do *Big Brother* pode ganhar muita visibilidade com o programa. Mas isso não significa, necessariamente, que ele tem autoridade em algum tema.

Autoridade está relacionada a ter **conhecimento e vivência a mais** do que as outras pessoas. É aquele sentimento de a pessoa realmente saber o que está fazendo, pois o histórico prova isso.

Ou seja: Autoridade Digital jamais se constrói só com anúncios, e sim com conhecimento de valor compartilhado a partir da prática.

Agora, esse conhecimento tem que se tornar visível. Daí a importância de todas as ferramentas digitais que aprenderemos para alavancar a sua autoridade. Aliás, se você já tem autoridade em algum tema, aceite o convite do *Big Brother*! Afinal, a mídia tradicional aberta ainda tem um poder incrível na construção de marcas.

Mas não se preocupe, vou falar mais sobre essas e outras dicas práticas ao longo do livro — até aqui, foi apenas um aquecimento.

Vamos seguir a caminhada para bombar sua Autoridade Digital?

COMPARTILHE EM SEUS STORIES

VOCÊ É O QUE PUBLICA NAS REDES SOCIAIS.E ESCREVER TUDO O QUE VOCÊ PENSA NÃO O TORNA UMA PESSOA AUTÊNTICA, E SIM UMA PESSOA DESCONTROLADA

@TERRADORAFAEL

CONCEITOS DE AUTORIDADE DIGITAL

Toda vez que aparece, você fica na memória das pessoas. Quando o assunto é ser uma Autoridade Digital, obviamente estamos falando de aparecer da maneira certa para ser lembrado da forma como desejamos. À medida que você avançar na leitura, vai perceber que *aparecer* não é feio nem pejorativo: é um instinto de sobrevivência.

O autor Seth Godin é uma grande referência em marketing e negócios. Ele tem uma frase nesse sentido que eu adoro, e é bacana você conhecer:

> Os profissionais atualmente têm só duas escolhas: não existir ou serem julgados.

Aqui, vou mostrar conceitos e estratégias para você aplicar e ser lembrado de modo positivo. Não seja lembrado como o fulaninho que xingou alguém no Instagram ou a fulaninha que só faz textão no Facebook para reclamar da vida. Falar sobre tudo é descontrole. Para que isso não aconteça com a sua marca pessoal, aqui você vai aprender sobre **planejamento**.

Tenha em mente que tudo no digital fica registrado — é o que eu chamo de rastros na web. Ou seja: seu conteúdo digital precisa gerar vendas em momentos estratégicos, não crises.

CONQUISTE SEU LUGAR NA MENTE E NO CORAÇÃO DAS PESSOAS

Autoridade Digital é o lugarzinho especial que você ocupa na mente e no coração do seu cliente em termos de **confiança e valor agregado**.

Em outras palavras, a atenção que as pessoas dão para a sua marca constrói uma relação de confiança. Sua parte nessa equação é produzir conteúdo relevante para o público-alvo e cultivar o relacionamento com os seguidores e clientes.

Atenção continuada gera confiança. Portanto, se tornar Autoridade Digital é entrar num jogo de atenção e confiança.

Para o público, interessa o que você está fazendo e compartilhando. A percepção que você está gerando na cabeça de cada seguidor é o que está publicando neste momento, não o que fez no passado. Por isso falei que certificado pendurado na parede não é mais sinônimo de ser uma autoridade no mercado.

O que funciona para construir a Autoridade Digital é conquistar as pessoas pelo valor que seu conteúdo agrega à vida de quem o consome, não o compartilhamento do seu currículo, portfólio ou cartela de clientes.

Hoje nós somos o nosso *post* mais recente.

NÃO TROQUE APENAS CARTÕES DE VISITAS

O melhor cartão de visitas atualmente é o Instagram, pois é a rede social onde as pessoas passam mais tempo conectadas. E você sabe: o dinheiro e as oportunidades vão para onde está a atenção das pessoas.

Eu sempre digo: não troque cartão de visitas, troque @ do Instagram. O meu é **@terradorafael**, qual é o seu? Me siga lá e me mande uma DM, para eu conhecer melhor a sua presença digital :)

Não me entenda mal: não há nada de errado em trocar cartão de visitas. Mas vai dizer que você nunca recebeu o cartão de alguém e o deixou esquecido numa gaveta? O destino da maioria dos cartões de visitas é o esquecimento. Ou o lixo.

Ah, Rafael, mas de que adianta a pessoa que eu estou conhecendo me seguir no Instagram?

Quando escolhemos seguir alguém, o relacionamento começa a se desenvolver. Assim como acontece numa relação de amizade, sempre nos lembramos dos amigos que mais estão conosco.

Não vamos nos lembrar daquele amigo que só convida para ir à festa e nunca se interessa em saber como estamos. Por outro lado, quem está por perto nas horas boas e nas ruins tem espaço garantido na nossa lembrança.

A construção de uma relação de confiança acontece quando sua marca se posiciona na web e gera conteúdo nas redes sociais. E é como eu disse: hoje nós somos o nosso *post* mais recente. Se seu *post* mais recente for pensando na necessidade da pessoa que acabou de conhecer, sua marca inicia uma nova relação dando algo sem pedir nada em troca.

Portanto, não perca a chance de ganhar um novo seguidor no Instagram (ou em outra rede social importante para a sua marca) quando estiver conhecendo pessoas do seu público de interesse.

REPUTAÇÃO É REPETIÇÃO

Você já está um passo à frente dos seus concorrentes porque escolheu ter mais Autoridade Digital e parar de dar murro em ponta de faca. É isso que você vai conquistar se usar este livro como um guia e entender de uma vez por todas que reputação é repetição.

Reputação é repetição.

Reputação é repetição.

Reputação é repetição.

Se você ainda desconfia de que reputação é repetição, não tem problema. Continue lendo e, no fim do livro, você vai entender que reputação é repetição.

O segredo aqui é que vou lhe mostrar que é possível ser uma Autoridade Digital relevante fazendo o digital trabalhar para você. Ou seja, você pode escolher não ser escravo das redes sociais.

Não tem outro jeito de construir Autoridade Digital a não ser gerando conteúdo assertivo com consistência e estratégia.

ntão, deixe-me já apresentar três gatilhos de autoridade importantes para firmarmos o contrato de que o jogo da Autoridade Digital não é o do **ou**, e sim o do **e**.

Presença digital: as pessoas buscam, na internet, saber se a pessoa ou a empresa existe no digital. Se você não tem uma presença digital efetiva, não vai ser escolhido.

Esqueça o papo de "Devo estar no Facebook **ou** no YouTube? No Instagram **ou** no TikTok? Ter um site institucional ou ter um blog?".

Saiba desde o início que você deve estar no Facebook **e** no YouTube. No Instagram **e** no TikTok. Ter um site institucional **e** um blog.

É assim que você constrói um verdadeiro ecossistema, uma presença digital relevante. Não estou dizendo que você deva estar presente em todas as redes sociais diariamente. Chegaremos às dicas práticas para as principais mídias sociais do momento, mas já lhe adianto que não é obrigatório ter esse grau de exigência consigo mesmo.

Seguidores: sim, é uma métrica importante, e não apenas uma métrica de vaidade. É preciso ter um número relevante de seguidores reais (jamais comprados) e que engajam de verdade com a sua marca pessoal. Isso aumenta a confiança em você.

Ah, mas e o que a minha família e os meus amigos vão falar se eu parecer uma blogueirinha?

De novo: hoje o jogo é o da atenção. Isso nos leva para a próxima métrica.

Indicação: a melhor coisa é quando seus clientes começam a ser embaixadores da sua marca e indicam você a mais clientes.

A indicação é um gatilho de autoridade muito importante. Quando a pessoa começa a repostar seu conteúdo e a gerar avaliações positivas para seu produto ou serviço, isso é indicação. E tudo fortalece a autoridade da sua marca pessoal.

O melhor marketing ainda é o da indicação, porque, quando alguém em quem você confia indica um profissional ou uma empresa, você nem pensa duas vezes e faz o que a pessoa falou. É a diferença entre zapear pela Netflix sem saber o que assistir ou decidir rapidinho e logo dar o *play* motivado pela indicação de alguém.

Por que você acha que eu pedi para repostar minhas frases aqui no livro? Porque você estará falando de mim. Isso é diferente de eu mesmo postar fotos do meu próprio livro.

E por que eu sempre reposto quando me marcam no Instagram? Porque o que as pessoas falam de mim tem muito mais significado. O mais relevante para mim é saber o que você tem a dizer sobre mim ou qual frase mais o impactou ao ler o livro.

Não se trata de um jogo de egocentrismo: esta é uma estratégia para deixar rastros na web que fortalecem minha Autoridade Digital.

Eu confio que você vai terminar a leitura fazendo o mesmo pela sua marca pessoal, porque quanto mais as pessoas falarem de você, maior será a sua autoridade!

OS TRÊS TIPOS DE AUTORIDADE DIGITAL

Podemos dividir a Autoridade Digital em três tipos:

1. **Autoridade adquirida:** aqui, os seus resultados, ou algum feito único que tenha conquistado, falam mais alto. Por

exemplo: você é criador do método X ou possui muitas conquistas na sua área de atuação.

O personagem bíblico Davi só ganhou status porque matou o gigante Golias. Ele fez um feito único.

Quais os gigantes modernos você vai conquistar na sua área?

Lembrando que você pode ter uma autoridade localizada. Ou seja, não precisa ter realizado algo em escala mundial, mas pode ter feito algo que impactou a sua comunidade local.

2. **Autoridade composta:** esta é para os sortudos ou para quem sabe o valor das boas relações, aquelas que geram frutos. É quando alguém que já possui grande autoridade num nicho acaba indicando a sua marca.

Isso faz com que você ganhe uma **autoridade imediata a partir do outro**. Por isso é tão importante realizar um trabalho com influenciadores. É aquela velha história: crescemos sempre mais rápido com boas parcerias.

Obviamente, você não pode ficar refém apenas da indicação de terceiros. Isso não ocorrerá diariamente, então é preciso constância para manter construir uma autoridade no longo prazo.

3. **Autoridade exponencial:** é a grande busca. É a soma de autoridade adquirida com a composta, juntando com uma **projeção nacional do seu nome**. A sociedade passa a se lembrar da sua marca quando a sua área de atuação é citada.

As autoridades exponenciais são aquelas que são convidadas para serem fontes de matérias jornalísticas, por exemplo, sobre temas do seu nicho. Afinal, a sua opinião é respeitada, valorizada, ouvida e tida como referência.

COMPARTILHE EM SEUS STORIES

AUTORIDADE DIGITAL É ESTAR NO PATAMAR DA NÃO BARGANHA!

@TERRADORAFAEL

COMO SE DIFERENCIAR NO SEU MERCADO COM AUTORIDADE DIGITAL

Pense desde o início como você quer ser percebido pelo seu público-alvo para colocar em prática tudo o que lerá nas próximas páginas.

Nesse sentido, uma dica valiosa que eu trago agora, no começo do livro, é: olhe para sua base atual de clientes e pense em como eles podem começar a falar sobre você na web.

Lembre-se: aparecer da forma certa não é feio, e sim a maneira como você **cria** oportunidades.

O que irá diferenciar a sua marca pessoal no mercado é algo muito único e que só você pode responder. Mas é claro que eu posso ajudá-lo a descobrir essa resposta. Por isso, separei quatro estratégias que vão pautar tudo o que você fizer para ser uma Autoridade Digital.

Seguir estas estratégias vai diferenciá-lo da concorrência e pode, inclusive, lhe proporcionar resultados efetivos mais rapidamente.

1) CONSTRUA SUA INFLUÊNCIA DIGITAL

Se a Autoridade Digital fosse uma super-heroína, o poder dela seria influenciar pessoas. Quem tem Autoridade Digital tem o poder de influenciar. Não é à toa que muitas celebridades hoje em dia são consideradas influenciadoras digitais. Concorda comigo?

Uma das melhores estratégias para influenciar pessoas é **se juntar com pessoas influentes**. Não se assuste: fazer isso pode ser mais fácil do que você pensa. Como?

Você pode convidar essas pessoas para gerar conteúdo com você nas redes sociais. Colaboração e cocriação são palavras-chave da Era Digital. É por isso que a cada dia que passa surgem novos recursos digitais que possibilitam a troca entre dois ou mais usuários.

Lives com mais pessoas, Reels e TikToks com opção de remix são exemplos de como a cultura da colaboração impera no digital. Se nenhuma dessas opções der certo organicamente, você pode contratar pessoas influentes para falarem sobre sua marca pessoal, independentemente de você vender produtos ou prestar serviços.

Eu lhe proponho um exercício prático: pense em quem é relevante no seu nicho de mercado e convide-o para fazerem *lives* juntos ou publicar um conteúdo em colaboração no Instagram.

É claro que você precisa ir com moderação nos seus convites, e até mesmo nas suas contratações, no começo da construção da sua Autoridade Digital. Digo isso porque todo mundo começa a construir a própria autoridade com um total de zero seguidores.

Ou seja: não mire direto em quem tem 1 milhão de seguidores. Vá subindo uma escadinha e fazendo parcerias com pessoas e empresas que:

- Tenham um número de seguidores similar ao seu.
- Sejam da sua cidade ou região de atuação.
- Estejam na mesma vibe que você.

Acredite: mesmo que você comece com parcerias pequenas, isso já vai começar a aumentar o seu grau de influência.

Outra coisa que você pode fazer é estimular que outras pessoas falem de você. Dê uma palestra online, faça um webinar ou uma live sobre um tema de que você goste e convide as pessoas a postarem frases que você falou ou slides que você mostrou.

Lembre-se das frases que estão ao longo deste livro. Eu lhe sugiro usar a mesma estratégia, só que, aqui, estou trazendo-a em forma de livro, pois é onde está a sua atenção agora.

De modo resumido: hoje ou a gente é influenciador, ou a gente contrata influenciador.

2) INVISTA EM ANÚNCIOS/TRÁFEGO PAGO

Você sabe por que o aluguel em shopping center é tão caro? Porque você não paga só pelo espaço da loja; você paga também pelo tráfego de pessoas. É a mesma coisa no digital. Não adianta você montar um perfil no Instagram ou em qualquer rede social e começar a gerar conteúdo sem usar anúncios para impulsionar sua presença.

Eu vou detalhar estratégias de tráfego pago no decorrer do livro, mas já adianto o seguinte: estude como fazer ou contrate profissionais especializados em anúncios nas redes sociais e em Google. Muita gente olha somente para o orgânico ou para o tráfego pago. Adotar essa mentalidade de "um ou outro" somente o fará pensar que ou você influencia, ou você anuncia.

A verdade é que o melhor dos mundos é **influenciar e anunciar**. Una as duas opções, pois assim você **exponencializa os resultados**.

3) MARQUE PRESENÇA NAS REDES SOCIAIS E NO GOOGLE

Você tem uma rede social favorita? Eu aposto que sim!

A minha preferida é o Instagram, mas estou presente em todas as populares e sempre de olho no que pode surgir, para já garantir meu usuário @terradorafael antes que seja tarde demais.

É importante estar em diversas mídias sociais, porque o mesmo conteúdo em plataformas diferentes impacta pessoas diferentes. Tem pessoas que só acessam LinkedIn; outras, só o Instagram; outras, o Facebook ou o YouTube. E você vai querer estar na lembrança do público-alvo em todas elas, mesmo que seu cliente use apenas uma.

Existem dois tipos de redes sociais: as de **posicionamento** e as de **engajamento**.

Redes sociais de posicionamento são aquelas nas quais você faz conteúdo uma vez na vida e ele fica lá o tempo todo, fortalecendo sua autoridade. Este é o caso do YouTube. O vídeo nunca morre por lá, pois é uma rede social orientada por busca, o que faz do YouTube um canal muito importante para construir sua Autoridade Digital a longo prazo.

Por outro lado, as redes sociais de engajamento são aquelas que você impacta naquele momento, depois o conteúdo "morre". Facebook e Instagram são duas redes sociais que exemplificam bem essa lógica. Entrarei em detalhes dessas redes sociais nos próximos capítulos, mas guarde desde já a diferença entre mídias de posicionamento e de engajamento.

É fato: a web é um oceano. Cada conteúdo que você gera é uma **isca para fisgar o cliente**. Se estiver só em uma rede social, você não está no oceano, e sim numa lagoinha. E tal oceano não é composto apenas de redes sociais, mas também do seu site com blog, para que todo o ecossistema digital da sua marca seja encontrado no Google.

Acredite: tem milhares de pessoas diariamente buscando o seu produto ou serviço no Google.

Faça um exercício agora mesmo: procure uma solução do seu ramo de atuação e na sua cidade no Google. Por exemplo: *Dermatologista em São Paulo*.

Sua marca apareceu entre os primeiros resultados relacionados ao seu mercado? Se não apareceu, você está perdendo diversas oportunidades.

Você tem que pensar no Google tanto quanto em estar nas redes sociais. Digo isso porque antes mesmo de se relacionar com pessoas ou marcas nas redes sociais, as pessoas estão buscando no Google com uma **intenção de compra**. Se eu procuro "Dermatologista em São Paulo", já estou com a intenção de marcar uma consulta, entende?

Eu costumo dizer que rede social atua como uma revendedora de Avon ou Jequiti — no melhor sentido. O que eu quero dizer é que elas vêm até nós e oferecem algo. E é assim que as redes sociais funcionam: os conteúdos vêm até nós oferecendo algo.

No Google é o contrário: as pessoas já estão buscando por produtos e serviços.

Por isso, é importante entender a internet como um grande oceano e:

- Desenvolver um site com blog bem otimizado para busca no Google, aplicando estratégias de Search Engine Optimization (SEO).

- Ter uma boa presença no Google, também preenchendo as informações do Google Meu Negócio.

- Trabalhar com estratégias de e-mail marketing.

- Construir presença digital nas redes sociais com estratégia.

4) ATUE EM NICHOS DE MERCADO

Lembra que eu usei o exemplo de zapear pela Netflix e não decidir ao que assistir? Falei isso para mostrar que, por natureza, nós, seres humanos, somos meio perdidos.

É por isso que, desde cedo na vida, precisamos de modelos para seguir e pessoas para que nos inspirem — pai, mãe, professores, amigos, colegas de aula etc. Quem aí não se identificou com uma tribo ao longo da vida?

Você pode não acreditar, mas na minha adolescência eu era metaleiro. Pois é... hoje não é um estilo de vida com o qual me identifico, mas continuo me inspirando em pessoas de um grupo específico. Agora, sou ligado em assuntos relacionados a marketing digital, negócios exponenciais, social media etc.

O que eu quro dizer é: mesmo que nossos interesses mudem com o passar dos anos, nós sempre vamos buscar modelos e pessoas inspiradoras para acompanhar.

Tem uma frase da qual eu gosto muito que diz: *o melhor marketing é a vitória*. As pessoas gostam de estar perto de quem é vitorioso.

Portanto, seja você uma fonte de inspiração. Seja você a referência mais confiável no seu nicho de atuação. Ser uma Autoridade Digital é sinônimo de ser uma marca vitoriosa no seu mercado.

Hoje, o genial é achar um nicho e ser relevante para ele. Ser a voz da sua comunidade.

O comportamento de tribo também tem tudo a ver com a qualidade do engajamento que você vai receber ao produzir conteúdo nas redes sociais.

Conteúdos que recebem muitos **salvamentos** indicam que as pessoas querem guardar as informações por mais tempo, seja para consumir com calma, seja para se inspirar.

Agora, a mágica do comportamento de tribos acontece com os **compartilhamentos**. Muita gente tem interesse no seu mercado e, principalmente, opinião formada sobre assuntos que você vai abordar. Acontece que a maioria não teve coragem ou recursos para se expressar.

Então quando você produz conteúdo que gera valor para a vida das pessoas, que tem conexão direta com os interesses delas, elas compartilham. Autoridade Digital está relacionada a se destacar em nichos de mercado. Assim, atrairá mais pessoas que querem estar com você.

Você tem que se entender como um canal de televisão. A gente fica zapeando pela TV até parar num canal que estiver transmitindo conteúdo do nosso interesse (ou você liga a TV só para ver propaganda? Eu tenho certeza de que não).

Por isso, saiba desde já que, para sua marca ser reconhecida como Autoridade Digital, não deverá estar presente nas redes sociais apenas para falar de si mesma. Assim você não vai tocar no interesse do outro. Relevância nas redes sociais é **ajudar o outro dentro de um contexto**.

QUAL É O SEU CONTEXTO E COMO VOCÊ VAI AJUDAR O OUTRO NO SEU NICHO?

Encare a sua marca pessoal e cada conteúdo que você publicar como uma ponte para ajudar seu cliente a conquistar um objetivo. Você está no começo da jornada, então cada *post* é um tijolinho para construir a ponte que vai ajudar o seu cliente a chegar aos objetivos dele.

Você já sabe que eu falo sobre marketing digital e redes sociais. Se você entrar no meu Instagram @terradorafael, verá que cada *post* que eu faço é um tijolinho para ajudar as pessoas a se tornarem Autoridade Digital nos seus mercados, a melhorar a presença das marcas nas redes sociais, tudo isso sempre orientado para que, quem me segue, consiga aumentar o volume de vendas.

Ah, Rafa, mas se você sempre der conteúdo de graça, as pessoas não vão comprar o que você vende...

VAMOS FALAR SOBRE RECIPROCIDADE

Existe um gatilho muito importante chamado reciprocidade. Isto é, quando alguém nos dá algo de valor, o nosso desejo automático é **retribuir** quem presenteou.

Então, se você está sempre gerando conteúdo útil para uma pessoa melhorar a própria vida e o próprio negócio, sem cobrar nada por isso, você está alimentando a reciprocidade. Ao gerar valor, você também precisa reforçar as suas crenças e os seus valores.

Quando conquista Autoridade Digital, você cultiva mais relacionamentos de longo prazo. Um dos princípios de marketing é a repetição, senão você cai no esquecimento. Lembre-se: reputação é repetição.

Roberto Carlos que o diga. Ele faz shows todo fim de ano há décadas na Globo. E todos os anos o Brasil para e o assiste. Ele renova o *setlist*, o estilo da apresentação, as parcerias musicais, mas nunca troca o período do ano ou a emissora que transmite. Isso é repetição na prática.

Diz aí: tem como esquecer o cara que é conhecido como rei?

SEJA UMA AUTORIDADE AUTÊNTICA

Tem gente que me fala: *Rafa, mas tem muita gente na internet falando sobre o meu nicho, eu vou ser só mais uma marca no meio de tantas outras...*

Entenda: não se trata de novidade, e sim do seu ponto de vista a respeito do assunto. Ou como uma consultora uma vez me disse: "Rafa, não é sobre a novidade que você conta, é sobre o jeitinho que você conta."

Você precisa, sim, se inspirar em outras pessoas e empresas do seu nicho, mas não para copiá-las. Quem copia é apenas um copiador. O pulo do gato é se inspirar sem esquecer os problemas dos seus clientes e do seu público-alvo.

Quais são as dores do seu nicho? Descubra-as e vá falando sobre os temas de formas diferentes, do seu jeito — um jeito único que faz você ser uma marca pessoal única.

Autenticidade não é falar tudo o que você pensa, e sim falar sobre o que está acontecendo no mercado. Valorize a sua voz, coloque a sua história no que você faz. Não seja lembrado em vão.

Uma das coisas mais importantes da Autoridade Digital é casar o seu propósito, a sua história, com o que você está fazendo. É comum as pessoas acharem que Autoridade Digital é sobre o futuro, sobre como você quer ser lembrado lá na frente.

Mas e o passado?

É no seu passado que se encontram os bens que você vai trazer para o presente, obviamente casados com o que está acontecendo no mercado atual.

PASSADO + PRESENTE = FUTURO COMO AUTORIDADE DIGITAL

Você pode estar pensando que eu estou me contradizendo, pois antes disse que Autoridade Digital não é só falar sobre diplomas, certificados e conquistas do passado. Eu repito isso, mas reforço que você tem que encontrar a sua forma de unir a sua história e o seu propósito ao que você faz.

Sua história + seu propósito =
Seu posicionamento único no mercado

Por que você faz o que faz? Quando deixa isso bem claro nos conteúdos que produz, você se torna uma marca pessoal autêntica. As pessoas podem até copiar o seu conteúdo, e isso é bom, pois é um sinal de que você é uma referência. A verdade é que ninguém pode copiar a sua história, e por isso você é único.

Então eventualmente lembre a audiência por que você faz o que faz. Trazer isso para a sua presença digital faz muito sentido.

TUDO É PESSOAL

Uma dica muito importante: pare de separar perfil pessoal de profissional. Trabalhe o perfil que você já tem.

Tudo na vida é pessoal: não existe mais essa coisa de on e off. Tudo é digital, tudo é mobile, tudo é pessoal e profissional ao mesmo tempo. Tem coisa pior do que pesquisar uma pessoa e ver que ela tem três perfis diferentes? Isso confunde a audiência.

Você pode estar pensando: *Ah, mas eu quero postar fotos com a minha família, postar coisas pessoais, não vai ficar muito misturado?*

Lembre-se de que eu falei para você se entender como um canal de TV. As emissoras não exibem tudo na íntegra a todo momento. Elas escolhem o que querem mostrar.

Vem comigo aqui:

- Você já fez alguma reunião online?

- E algum tipo de videoconferência?

Se sim, você pagou por um estúdio para fazer a transmissão ou fez da sua casa mesmo, do jeito que ela é?

Eu acredito que 99% das pessoas que lerem esse livro vão dizer que fizeram do próprio lar, sem ter um estúdio em casa. Nesses casos, se o ambiente está bagunçado, quem transmite pode organizar a área que vai ficar ao fundo para aparecer na câmera. Ou ainda desfocar o fundo.

Esta é a analogia para as redes sociais: você pode escolher o que mostrar e fazer isso de modo estratégico. Não precisa focar o que você não quer para a construção da sua Autoridade Digital.

Não é ruim você ter um perfil em que eventualmente publique fotos pessoais, de alguma viagem, da sua família. Ao contrário, isso é bom, pois cada vez mais as pessoas querem conviver com **marcas humanizadas**.

Obviamente que o limiar é não ferir o outro. Você não precisa ficar falando de política, religião, futebol se não fizer sentido para sua estratégia de Autoridade Digital. Se ferir alguém, não poste. Fale com seus amigos, com a sua família, com as pessoas que moram com você sobre o que não for importante para a sua marca pessoal. Tem coisas que a gente não precisa compartilhar publicamente.

De novo: não seja lembrado à toa.

O melhor dos mundos é quando você consegue unir uma questão pessoal com um assunto profissional. Tudo é pessoal. Se as pessoas não gostarem de você, elas não vão contratá-lo ou comprar o seu produto. E está tudo bem.

NÃO TENHA MEDO DA PALAVRA "INTERESSE"

Interesse é uma coisa boa. Por exemplo, você tem interesse em aprender sobre Autoridade Digital. Eu tenho interesse em ajudá-lo a aprender sobre Autoridade Digital e o ver crescer profissionalmente usando a internet. Simples assim.

Viu como ter interesse não precisa ser sinônimo de ganância?

COMECE PEQUENO, MAS PENSANDO GRANDE

Como eu falei antes, todo mundo dá o primeiro passo com zero seguidores, sem ter um site com Blog e um cadastro no Google Meu Negócio. O início é o zero absoluto.

Só que buscar conhecimento, da forma como você está fazendo agora, não vai mantê-lo no zero absoluto por muito tempo. Por isso precisei contextualizar que a internet é muito além das redes sociais — ela é um oceano que banha o mundo todo!

Você surfa nas ondas em várias partes desse oceano que é a internet quando você conquista Autoridade Digital, pois é quando você pode **vender para o mundo inteiro**.

Como assim, Rafa? Vender em dólar? Em euro?

Sim, se o seu objetivo for internacional, você pode muito bem vender para o mundo, inclusive lucrando com moedas estrangeiras.

Eu, por exemplo, dou aula na USP, que vende seu MBA pela internet. Então eu tenho alunos de diversos países me assistindo.

- A USP ganha porque não tem mais limitação geográfica nem de turmas.

- Eu ganho porque uma das instituições de ensino mais prestigiadas do mundo me contrata.

- E eu ganho mais ainda porque minha Autoridade Digital se fortalece também fora do Brasil.

Portanto, se fizer sentido para a sua marca, vai chegar um momento em que você não vai mais precisar pensar em atender somente clientes da sua cidade.

Por que eu recomendo que você pense assim? Porque assim sua marca pessoal se exponencializa. Seja um profissional exponencial!

Autoridade Digital é estar no patamar da não barganha. É a morte da súplica por atenção. Partimos, então, para o jogo da atenção espontânea. A percepção de valor da sua marca é tão grande quando conquista Autoridade Digital que as pessoas **pagarão o seu preço**. Afinal, elas o escolhem por admiração e confiança. E isso não tem preço!

Quando você começa a trabalhar com o objetivo de ser uma Autoridade Digital, você trilha o caminho para ser um profissional desejado pelo mundo.

COMPARTILHE EM SEUS STORIES

O ÚNICO ATALHO QUE EXISTE NA VIDA É APRENDER COM OS ERROS E ACERTOS DOS OUTROS

@TERRADORAFAEL

CONHECENDO A PIRÂMIDE DA AUTORIDADE DIGITAL E ESCOLHENDO O SEU LUGAR NELA

Tem uma frase famosa da qual eu gosto muito que diz: "Eu escolho o **mais difícil** porque tem **menos concorrência**."

Quero que você conheça bem toda a estrutura da Pirâmide da Autoridade Digital porque você pode se sentir atraído já pela base, mas a exponencialização da sua marca e os melhores resultados estão no topo, pois tem menos concorrência por lá.

Quanto menos concorrência você tem por estar no topo, mais procurada sua marca é, e mais clientes você tem.

Topo: Autoridade Celebridade
Autoridade
Especialistas
Base: Generalistas

Generalista é a marca que fala de um monte de coisa, mas não tem um reconhecimento em nada. Em termos de redes sociais, é a pessoa que publica conteúdo sobre tantos assuntos sem conexão que não tem como a audiência percebê-la como uma especialista em algum dos temas.

Não tem nenhum problema ser generalista, mas saiba que a concorrência é muito maior quando se é generalista. E, por consequência, você chama menos atenção de possíveis clientes.

Não sei se você sabe, mas minha primeira profissão é jornalista. Quando eu era o Rafael repórter no começo da carreira, eu não buscava uma pessoa generalista para ser fonte das minhas matérias. Eu ia em busca de especialistas. Note que a fonte de uma matéria jornalística sempre é um especialista.

Ser generalista não significa que você não vá ganhar dinheiro nem viver uma vida boa. Mas o generalista é menos procurado e menos lembrado pelas pessoas e pela mídia.

Deixa eu trazer para a realidade de outra profissão. Quando ficamos doentes e não sabemos o que temos, a primeira coisa que fazemos é ir à emergência de um hospital, onde somos atendidos por um médico clínico geral. Dependendo do caso, o que acontece? O profissional nos encaminha para um **especialista**.

Se o problema é no coração, procuramos diretamente um cardiologista, ou então o próprio clínico geral indica um especialista da área. Portanto, o especialista é o cardiologista.

Ah, Rafa, mas ser especialista não é bom?

É, sim, mas pode ser melhor.

Isso não significa que o especialista não seja bom, não tenha clientes, não seja requisitado. Entretanto, é preciso destacar que especialistas são profissionais que não se preocuparam em desenvolver o próprio marketing pessoal para ser uma autoridade. Está entendendo? Segue o fio. Vamos para a autoridade.

Autoridade é quem tem uma especialidade e tem presença digital relevante. Além de ser boa no que faz, **ela é reconhecida pelo que faz**.

Ela não se limita a uma certificação como especialista, pois é uma marca pessoal **vista por muitas pessoas** como uma profissional realmente qualificada no que faz. Ela é indicada, as pessoas se lembram mais dela, e ela é mais achada no Google.

O que pode ser melhor que ser uma autoridade? Ser uma **Autoridade Celebridade**!

Autoridade Celebridade vai além da autoridade, porque ela não é reconhecida apenas pelos clientes: ela é reconhecida pelo seu mercado.

Olhe a diferença:

- Autoridade gera conteúdo para se relacionar com o seu cliente, com o seu paciente, com quem já compra e confia em você.

- Autoridade Celebridade, além de gerar conteúdo para esse público, também gera conteúdo para o mercado. Ela guia o mercado, traz tendências e está sempre sendo referência para a mídia.

Um exemplo pessoal para ajudar você a entender na prática. Quem me segue no **@terradorafael** sabe que todo fim de ano eu escrevo um artigo e faço vídeos com as tendências de marketing digital para o ano seguinte. Se você buscar no Google *Rafael Terra tendências de marketing*, certamente vai encontrar o estudo de algum ano recente.

Por que faço isso? Porque quando eu falo sobre tendências no meu nicho de atuação, o meu mercado presta atenção em mim. Quando eu palestro em eventos do meu segmento, além de eu atingir o meu *prospect*, o próprio mercado me indica.

Quando você atinge o patamar de **ser indicado pelo próprio mercado**, você atingiu o topo da pirâmide. É quando você deixa de ser autoridade e passa a ser Autoridade Celebridade.

Veja como a percepção das pessoas do seu próprio mercado muda. Elas poderiam considerá-lo como um concorrente, como alguém com quem elas disputam espaço. Só que, por você ser uma Autoridade Celebridade, o que seus colegas de mercado sentem pela sua marca pessoal é admiração.

Você é visto como um *trend setter*, uma referência que precisa ser seguida e uma fonte de informações confiáveis sobre tendências e melhores práticas no seu mercado.

Ou seja: se a autoridade se torna fonte confiável para dar entrevistas e ser pauta de matérias da mídia tradicional, ser Autoridade Celebridade abre portas para eventos e oportunidades junto à mídia especializada no seu mercado.

Nesse sentido, você pode até lançar infoprodutos e livros para o seu próprio mercado — como este que você está lendo! É óbvio que eu quero agregar valor para você, mesmo que seu mercado não seja o de comunicação e marketing. Mas eu também quero que o nicho do qual faço parte leia esta publicação e aplique o que eu apliquei para me tornar uma Autoridade Celebridade no digital.

POR QUE SER DESTAQUE NA MÍDIA TRADICIONAL

Você pode estar pensando:

Ah, Rafael, vejo seus posts nas redes sociais e suas palestras, mas você vai ensinar como aparecer na mídia, por acaso?

Sim, eu vou! No capítulo *Como virar notícia na mídia e aumentar a sua Autoridade Digital*, eu vou lhe contar estratégias para sua marca pessoal ser pauta de entrevistas e ser vista na imprensa.

Não entenda o que vou dizer como algo pejorativo: é fato que qualquer um entra no digital. Isso porque as redes sociais são de graça, não precisa pagar nada para ter uma conta no Instagram, no YouTube, no LinkedIn etc.

Mas para aparecer na mídia, ou você paga por um espaço publicitário, ou você é reconhecido como uma fonte importante para ser entrevistada. E quanto mais alto estiver posicionado na Pirâmide da Autoridade, maior será a relevância do veículo que quer ouvi-lo.

Ocupe o lugar mais precioso na mente das pessoas. Não basta apenas sair na mídia, seja ela qual for. Você precisa pegar o jornal, a revista, o site, a emissora de TV em que você apareceu e trabalhar isso nas redes sociais.

Assim, as pessoas que não leram ou assistiram ao conteúdo na mídia tradicional vão ficar sabendo que você foi entrevistado e vão pensar: *nossa, olha lá, a Maria saiu no jornal, ela está superbem!*

3 ASPECTOS PARA VOCÊ REFLETIR

O que sustenta a Pirâmide da Autoridade? Veja a seguir três aspectos para você pensar ao iniciar sua escalada rumo ao topo da pirâmide.

1) Seu nicho de atuação

Reforço: quem fala de tudo não fala de nada. Perceba que dentro do seu mercado existem diversos nichos de atuação. É importante que você afunile, encontre seu nicho e, até mesmo, um subnicho.

Digamos que você é nutricionista (se for mesmo, ótimo!). Você sabe qual é o seu foco? Pode ser nutrição esportiva, pode ser nutrição funcional... Tem como afunilar mais? Tem sim: nutrição esportiva com foco em corredores de maratona. Conseguir encontrar nicho e subnicho ajuda muito a desenvolver bem seus diferenciais.

Se você vê uma celebridade que fala sobre:

- a roupa que veste;
- os alimentos que come;
- as viagens que faz;
- os bichos de estimação que tem;
- etc.

Vamos ser sinceros: você não cria um vínculo forte com nenhum desses assuntos porque a pessoa não tem foco. Fica muito difícil saber que contrato a celebridade firmou com o mundo para que você possa decidir se a segue, não é verdade?

Para não cair na armadilha de tentar falar sobre tudo e com todo mundo, o pulo do gato é você fazer um estudo de mercado para conhecer:

- o que seu concorrente oferece;

- o que ele está vendendo mais;
- o que está vendendo menos;
- o que as pessoas dizem que precisam.

Mas, principalmente, volte-se para si mesmo e **identifique o que você é bom**.

Tem uma frase de que eu gosto muito, do Bernard Shaw, que diz o seguinte:

A VIDA NÃO É SOBRE SE ENCONTRAR. A VIDA É SOBRE SE CRIAR.

E é muito legal ver que ela se aplica ao digital e poderia muito bem ser assim:

A WEB NÃO É SOBRE SE ENCONTRAR. A WEB É SOBRE SE CRIAR.

No digital você pode trazer **uma parcela** do que você é. Não precisa dar vazão a tudo o que você sabe ou tudo o que você gosta. Dê vazão ao que você **mais sabe** e ao que **mais gosta**.

2) Seu posicionamento

Depois de achar o nicho, é fundamental ter um posicionamento.

Posicionamento estratégico é dar mais luz a algumas características suas. Escolha jogar o holofote sobre os seus melhores atributos.

Eu vou me citar, porque sou a pessoa que melhor me conhece. Nos meus cursos e palestras, gosto de me posicionar do jeito que mais combina com a minha personalidade. Por isso eu falo rápido e gesticulo bastante.

Tem gente que gosta de se encaixotar: faz cursos de oratória, segue a linha do que outras pessoas pensam que é o adequado, mudam a postura e se tornam rígidas a ponto de não ser nada natural.

Não estou dizendo que oratória e a postura não sejam aprendizados importantes, mas às vezes o que uma pessoa diz que é um "defeito" seu pode mudar o seu posicionamento e ser um grande diferencial. Por que digo isso?

Porque notei que entrego conteúdo de modo mais efetivo por causa da forma como me expresso. Então depois de fazer algumas pesquisas de personalidade, uma das características que eu alavanquei foi justamente falar rápido e gesticular, pois assim consigo entregar mais conteúdo e gerar mais valor de forma natural. No meu caso, eu me posicionei pelo **exagero**.

Nós somos aquilo que o outro fala quando a gente sai da sala, diz essa frase que eu gosto bastante.

Posicionamento é o lugar que você quer ocupar na mente das pessoas e como você quer ser percebido por elas.

Eu quero que as pessoas que me ouvem falem que eu entreguei um monte de conteúdo. Que elas se lembrem de momentos específicos do conteúdo que eu entreguei, por causa da forma que eu falei ou de um gesto que fiz. Mas isso é porque eu já tenho essas características.

Por isso que, antes, eu falei sobre você olhar para a sua própria história, para saber quais características quer fortalecer, e quais quer minimizar.

3) Conteúdo relevante para pessoas do seu mercado

É o seu conteúdo que vai reforçar o seu posicionamento no seu nicho.

Eu gosto de citar frases dos outros, pois mostra que eu tenho **repertório** e sempre consigo **contextualizar o conteúdo** que eu quero transmitir. Mas quando a gente fala em Autoridade Digital, não dá para só compartilhar frases de terceiros. É preciso compartilhar o que você pensa e vai agregar para o seu mercado.

Lembra que eu disse que as pessoas compartilham aquilo que elas não tiveram coragem de dizer?

Seja você a pessoa corajosa a expressar uma opinião construtiva sobre o seu mercado, ou a analisar uma tendência, seja ela promissora ou não.

Olhe para o seu nicho de mercado e faça vídeos e cards sobre o que você pensa. Quando você se **posiciona** com **conteúdo** dentro do seu **nicho** é que você começa a ser reconhecido.

CONTEÚDO É O COMBUSTÍVEL PARA CHEGAR AO TOPO

A base da autoridade é fazer uma pequena transformação na vida das pessoas todos os dias. Por isso é importante produzir conteúdo diariamente — ele é o combustível que lhe dá fôlego na escalada rumo ao topo da pirâmide.

Só que combustível mal administrado acaba. Para que o seu não acabe, é importante falarmos de novo sobre consistência.

Entenda: o tempo médio de vida de uma publicação no Instagram é de três horas — uma média que cai de tempos em tempos, pois a competição pela atenção das pessoas no *feed* se torna cada vez maior. O algoritmo do Instagram decide se o seu *post* vai viver mais ou menos, dependendo do engajamento que receber nos primeiros 20 minutos.

Agora pense comigo: se você posta uma vez por semana, e seus concorrentes postam uma vez por dia, qual é a chance de que sua empresa seja lembrada pelo seu público-alvo? Perceba: construir Autoridade Digital é entrar no jogo de volume de conteúdo, especialmente nas redes sociais de engajamento.

Deixa eu dar um exemplo fora das redes sociais, mas que tem tudo a ver com **estar na lembrança das pessoas**.

Em 2014, a Coca-Cola decidiu não fazer a tradicional propaganda de fim de ano. Sinceramente, não sei por quê. O que aconteceu? Mesmo sendo um dos produtos que mais vendem no mundo em qualquer época do ano, o fim de 2014 teve o pior faturamento em comparação aos outros finais de ano em que a publicidade de Natal foi feita.

Ou seja: até a Coca-Cola precisa ter consistência para ser lembrada. O trabalho de branding, de construção de marca, é algo perpétuo. E o conteúdo é o combustível para se manter relevante na memória das pessoas.

É por isso que eu falei sobre o conteúdo ser transformador. Não pense que precisa ser uma transformação gigantesca na vida das pessoas. Estou falando de pequenas transformações, como:

- Fazer uma pessoa rir em um dia que não está sendo bom.

- Expressar a sua opinião sobre algo do seu mercado que é a mesma de muitas pessoas que nunca tiveram coragem de expor o próprio pensamento.

- Mostrar uma tendência para alguém que está se qualificando no seu mercado.

Imagine você trazer uma pesquisa recente, que ainda não foi traduzida, e você mesmo apresentar os principais dados em português. Se esse conteúdo é visto por alguém que precisa de dados para defender uma ideia no seu nicho de atuação, esta é uma verdadeira transformação! Mesmo pequena, muitas vezes, ela pode ser poderosa e significativa. E isso você só descobre sendo consistente!

NOVIDADE + SEU PONTO DE VISTA = TUDO!

O que sustenta o engajamento é a novidade. Seja uma novidade no seu mercado, uma tendência que vem se fortalecendo ou simplesmente uma dica que soe como novidade para o público.

Quando há algo que o seu mercado não sabe, esta é uma forma de educá-lo, e isso normalmente acontece quando você fala sobre novidades e tendências. Além de educar, também é uma forma de gerar conversas de valor entre o seu público-alvo, inclusive com outras autoridades.

Por falar nas utoridades, você pode entrar nas conversas geradas por elas. Isso também potencializa sua marca. Mesmo que você não seja a primeira pessoa a falar sobre um assunto, você pode ser uma das primeiras tendo um aspecto único: **o seu ponto de vista**.

CONTEÚDO SEM OFERTA NÃO SUSTENTA SUA MARCA

Só conteúdo não gera receita: tem que ter oferta de algo que você vende.

Uma estratégia efetiva é estar sempre vendendo algo. Não estou falando de fazer *spam* ou ser uma marca chata nas redes sociais. O que eu quero dizer é: mesmo que você não queira ter um curso, deixe no seu perfil um link para que a pessoa possa agendar um horário com você diretamente.

E aqui uma dica de ouro: potencialize o seu tempo. Lembre-se de que você é só **uma** pessoa. Portanto:

> MENOS CAFEZINHO, MAIS PREÇO EXPLÍCITO E VENDA DIRETA.

Já parou para pensar em quanto tempo você perde fazendo reuniões que não dão em nada? Você perde tempo e talvez até o dinheiro do cafezinho, do estacionamento, do Uber... e não fecha negócio. Chega disso!

Ah, Rafael, mas você está pegando pesado...

Não estou, não. Você vai entender por que é fundamental mudar a perspectiva se você deseja ser uma Autoridade Digital. Se for uma autoridade, todas informações que precisam ter sobre você serão fornecidas quando virem sua presença digital, assim como todas as dúvidas serão sanadas.

Então sua venda pode ocorrer por link na bio, direto no *post* e por anúncios impulsionando as publicações que tiveram mais engajamento orgânico. Esteja disponível em algum ambiente para as pessoas:

- marcarem reuniões com o objetivo de fechar negócio;

- agendarem horários diretamente no seu calendário;

- ou para fazer a venda de produtos físicos ou digitais (infoprodutos).

É fato: divulgar o preço é uma forma efetiva de posicionar!

E você não deve se orgulhar por ter uma agenda lotada. Você deve ser orgulhar por ganhar bem fazendo o que você ama e decidiu fazer. Quanto mais cobiçada sua marca pessoal for, mais as pessoas vão querer contratá-lo.

Mas você não vai querer trabalhar 24 horas por dia, sete dias por semana, certo? Então, quanto mais Autoridade Digital você construir, maior será o seu ticket médio. Suba degraus da Pirâmide da Autoridade Digital e faça o seu preço acompanhar o seu progresso.

Não seja escravo do seu conhecimento. Não esteja sempre ocupado sem tempo de curtir a vida e o que realmente importa. A meta é ser bem remunerado por aquilo que você ama fazer com liberdade!

VOCÊ FAZ PARTE DE UMA JORNADA DE COMPRA

Entenda que a Jornada de Compra dos clientes é tipo uma gangorra, pois cada pessoa tem o seu momento de vida e as suas prioridades. Isso se traduz em jornadas de compra únicas.

O mesmo vale para seus seguidores: você sempre vai ganhar e perder seguidor **ao mesmo tempo**. O lance é que quanto mais você aplicar as estratégias deste livro, menos tempo vai demorar para que a balança penda mais para o lado dos ganhos do que das perdas.

Deixa eu lhe dar um exemplo de uma Jornada de Compra pessoal que acabou não dando em nada para os profissionais que eu segui.

Eu já tive vontade de aprender francês. Segui um monte de professores de francês antes de decidir fazer algum curso, mas revisei minhas prioridades e decidi que não era o momento de aprender um novo idioma. Então decidi parar de seguir todos. Acontece...

Ter um negócio é seguir um fluxo de engrenagem: você perde e ganha, mas é a **continuidade** que vai fazê-lo gerar engajamento e **criar reputação**. Lembre-se: reputação é repetição!

Não basta contar novidades do mercado. Você precisa equilibrar com coisas que já falou, mas falando-as de modo novo e criativo. Lembre que você foi ganhando seguidores ao longo da jornada, então muita gente viu você falando sobre vários assuntos lá atrás, inclusive temas básicos.

O importante é não se frustrar com a gangorra de ganhos e perdas de seguidores. Isso é normal. Com a repetição do tripé **nicho + posicionamento + conteúdo relevante**, você vai fazer com que a balança penda mais para o lado de ganho do que de perda de seguidores.

VISUAL É IMPORTANTE

Nós, seres humanos, acreditamos muito mais em pessoas do que em logotipos.

Se você não gosta de aparecer em vídeos, aposte em fotos — mas saiba que em alguns momentos vai ser importante aparecer também em vídeos.

Digo isso porque se posicionar estrategicamente é estar na lembrança das pessoas, para que elas o percebam da forma como você gostaria e o indiquem por confiarem na sua marca pessoal.

Para gerar essa conexão, é bem importante que a sua audiência conheça você, saiba como você fala, veja a sua fisionomia e seu estilo de ser. Afinal, 83% da nossa percepção é visual!

Então contrate fotógrafos e videomakers para potencializar a sua imagem ao longo da jornada.

"Mas, Rafael, eu sou uma pessoa muito tímida. Então ser Autoridade Digital não é para mim?"

É para você, sim. E eu lhe explico melhor no fim deste livro, pois preparei um capítulo especial respondendo diretamente as principais dúvidas que eu mais escuto.

COMPARTILHE EM SEUS STORIES

O MARKETING SÓ É EFETIVO SE VOCÊ TEM ALGO PARA VENDER! SEJA UMA IDEIA, UM SERVIÇO OU UM PRODUTO! DO CONTRÁRIO, É UMA EXPOSIÇÃO SEM PROPÓSITO!

@TERRADORAFAEL

COMO COMEÇAR A CONSTRUIR A SUA AUTORIDADE DIGITAL

Autoridade Digital é exponencializar a sua marca pessoal na web. Muita gente ainda não parou para pensar na sua marca pessoal, no seu **personal branding**.

Então este capítulo é para falarmos sobre esse planejamento que é fundamental para aproveitar ao máximo as estratégias e as ferramentas que serão apresentadas até o fim do livro.

O campo de estudo sobre marcas pessoais é fascinante. Por isso, eu indico que você leia um livro que me inspirou muito, inclusive a escrever essa obra que você está lendo. É o *Personal Branding: Construindo Sua Marca Pessoal*, do autor Arthur Bender, publicitário pioneiro no assunto personal branding no Brasil e quem escreveu o prefácio deste livro que você está lendo agora.

Feita a sugestão, agora eu quero iniciar o papo com duas frases que, aparentemente, não têm relação uma com a outra. Mas como falei antes, eu adoro citar frases dos outros e construir um contexto que vá gerar valor para o meu público-alvo. E assim nasceu a junção de uma frase de um clássico da literatura com uma afirmação de um dos maiores rappers do mundo.

Se você não sabe para onde ir, qualquer caminho serve —
Gato de Cheshire, de *Alice no País das Maravilhas*, obra de **Lewis Carroll**

+

Eu não sou um cara de negócios. Eu sou o negócio, cara
— **Jay-Z**, rapper, produtor e empresário

É sobre isso: você é o negócio, você é uma marca, você é um veículo de comunicação.

Hoje as marcas não são julgadas pelo que elas são, e sim pelos **rastros de conteúdo** que deixam no digital. Isso é conhecido como cibridismo, uma área do marketing digital, que significa exponencializar uma pessoa e fragmentá-la em conteúdo.

Este é o poder da marca quando produz conteúdo: você potencializa sua presença como se criasse um exército de você mesmo. Sim, você pode *vários eus* na web.

O ponto é: seja *vários eus* que caminhem para o seu propósito pessoal. Por isso é importante conhecer o caminho, senão qualquer caminho serve, e você se perde por não ter essência nem autenticidade.

CONHECENDO O SEU CAMINHO RUMO À AUTORIDADE DIGITAL

O começo da construção da Autoridade Digital é encontrar os pontos de contato entre o que você é bom, o que você gosta de fazer e o que remunera bem porque tem demanda. Esse é o casamento perfeito!

Muita gente se apega ao que é bom. Mas não adianta ser bom em algo que ninguém quer comprar. As pessoas não querem o perfeito: elas querem o que é real e bom. Muitas vezes elas não escolhem o que tem o melhor design, e sim o que tem histórias verdadeiras, impactantes, que agregam valor ou ensinamentos.

Eu ouço muito isto: *Rafa, fiz um card que achei superbonito e não teve engajamento, aí postei uma foto simples, que eu mesma fiz, e bombou.*

Você não precisa ter o melhor equipamento. Não foque o que você não tem. Foque o que você sabe e o que você tem para agregar à vida das pessoas.

O YouTube é um ótimo exemplo de como você não precisa ter um superequipamento para fazer conteúdos relevantes para a audiência. Se você tem uma webcam ou seu próprio smartphone, você pode editar os vídeos diretamente no YouTube Studio. Ou ainda, com uma webcam, você pode gravar diretamente no YouTube. Ou seja: não tem nem o trabalho de transferir os arquivos do celular para o PC ou de subi-los do PC para o YouTube.

Se tem condições de comprar equipamentos, ou de contratar os melhores profissionais, obviamente faça esses investimentos para ter mais tempo e liberdade para criar mais conteúdos. Mas se não tiver, use os recursos que já estão à disposição e direcione o seu foco para contar boas histórias e trazer informações que vão gerar pequenas transformações na vida de quem o acompanha.

PERSONAL BRANDING: VALORIZE SÓ O QUE PRECISA SER DESTACADO

Antes de mais nada, preocupe-se em como você quer ser percebido.

O digital potencializa o que é bom e o que é ruim.

Você vai falar de tudo se não planejar seu personal branding e não focar a produção de conteúdo bem pensado para o seu nicho. Nesse caso, as chances de potencializar o que você **não** gostaria são muito maiores.

O planejamento da marca pessoal é fundamental para que você escolha potencializar o seu melhor. Por esse motivo escrevi este livro, para o ajudar a pensar nisso, pois a Autoridade Digital é o que faz as pessoas prestarem atenção na sua mensagem e recomendá-la aos outros.

Na sua marca, você quer que as pessoas deem atenção a quê?

Fique atento a detalhes e posicionamentos passados que podem deturpar a sua reputação.

Vale conhecer algumas ferramentas que ajudam a fazer uma varredura em tudo o que você já publicou na web. Eu indico o site www.spokeo.com, um serviço pago que faz essa varredura e mostra tudo o que você já falou publicamente.

É importante olhar para os seus rastros do passado na web, pois tem coisas que não fazem mais sentido para a sua marca pessoal. Às vezes você até mudou de opinião sobre algo de que não gostava ou tinha preconceito e agora percebeu que estava errado.

Não há razão para manter essas coisas na internet, então é importante apagar para que não prejudique a sua Autoridade Digital no futuro.

Nós, seres humanos, vamos evoluindo. Você com certeza não é a mesma pessoa que era há dez anos. Eu não sou a mesma pessoa que era há dez anos.

Você já deve ter ouvido falar na **cultura do cancelamento**.

Muitas marcas e pessoas são "canceladas" porque feriram alguém ou fizeram algum comentário inapropriado. Isso muitas vezes acontece porque pessoas encontram registros do passado e acabam ressuscitando esses *posts*.

Antes de começar a trabalhar para ser uma Autoridade Digital, pense que informações do passado podem deturpar o seu futuro.

Só que não é apenas a cultura do cancelamento que pode prejudicar sua marca pessoal. A sensação de ser escrava das redes sociais é real, e precisamos falar sobre isso.

Primeiro, indico que você assista ao documentário *Vítimas do Facebook*. Ele está disponível gratuitamente no YouTube e mostra como algumas pessoas tiveram suas vidas deturpadas por causa de comportamentos no Facebook, e como outras cresceram na carreira por causa do Facebook.

Resumidamente, o documentário começa contando a história de uma menina da Alemanha que criou um evento no Facebook para a sua festa de 15 anos. Um monte de gente foi à festa porque ela esqueceu de colocar o evento como privado, então a galera toda da escola dela apareceu lá.

Veja como um detalhe simples, como colocar um evento público ou privado, pode fazer toda a diferença. Então imagine algo realmente negativo do passado ou uma opinião que já não representa mais o que você pensa, e analise como pode ser prejudicial. Entendeu?

O documentário mencionado é uma produção antiga e foca apenas o Facebook. Imagine como podem existir vítimas das redes sociais agora que temos Instagram, Twitter, LinkedIn, TikTok, plataformas superpopulares e cheias de usuários.

Um outro documentário que merece ser assistido é *O Dilema das Redes*, da Netflix, que também mostra muito bem como as pessoas se tornam escravas das mídias sociais.

Não estou querendo assustar você, mas é meu dever ser realista: você tem que unir a questão pessoal com a tecnológica.

Desculpe a má notícia, mas é preciso aprender a "mexer nos botõezinhos" e entender um pouco de como algoritmos e redes sociais funcionam para poder prosperar com a sua marca pessoal. Essa é a única forma de não ser refém da tecnologia.

MOSTRE A QUE VOCÊ VEIO

Marca pessoal está atrelada à sua promessa única de valor e aos problemas que você resolve.

Orgulhe-se dos seus diferenciais e mostre isso para o mundo!

Eu sou professor de copywriting, tanto nos meus próprios cursos como no curso de Marketing Digital da USP. Ensino para você agora o que ensino para os meus alunos de Copy: a Copymaster, uma fórmula que eu criei para sintetizar a sua essência em uma frase vendedora.

A Copymaster é uma frase que descreve o que você faz, para quem você faz e como você faz.

- *O que você faz* é o seu propósito, é a sua entrega ao mundo.

- *Para quem você faz* é o seu cliente.

- *Como você faz* é o seu método, o seu diferencial.

Por que essa frase é importante para a construção da sua marca pessoal? Porque a melhor coisa é quando nosso possível cliente bate o olho em qualquer perfil seu nas redes sociais e entende o que você pode agregar à vida dele e qual o seu diferencial.

Exercício prático. Pense e anote a seguir:

O que você faz?

_____

_____

_____

Qual é a sua entrega?

_____

_____

_____

Quais dores você cura?

_____

_____

_____

Para quem você faz?

_____

_____

_____

Você vai usar a Copymaster em tudo: na sua bio do Instagram, no "sobre você" do Facebook, no seu título do LinkedIn, na sua foto de capa do YouTube, na área mais nobre do seu site… em tudo!

Veja como é a minha Copymaster: "Ajudo boas marcas a exponencializarem resultados na web através de uma presença digital efetiva."

Por que boas marcas?

Porque eu não quero trabalhar com qualquer marca, eu quero trabalhar com marcas que tenham propósitos positivos. Aqui é um exemplo forte de como me posiciono, percebe?

- O que eu faço? Exponencializo resultados na web.

- Como eu faço? Através de uma presença digital efetiva.

- Para quem eu faço? Para boas marcas.

Se eu quisesse vender somente para um nicho, poderia trocar o "boas marcas" pelo mercado escolhido. Por exemplo: **Ajudo imobiliárias** a exponencializarem resultados na web através de uma presença digital efetiva.

Nesse exemplo, estaria focando um nicho bem específico. Seria o afunilamento do afunilamento.

As pessoas vão escolher marcas e pessoas que sejam relevantes no mercado. Por isso é bem importante que a sua Copymaster já diga para qual mercado você tem soluções.

Eu sei, eu sei: talvez você não saiba o que é Copywriting, e esse papo de Copymaster ficou um pouco confuso. Espero que os exemplos práticos que dei logo anteriormente o ajudem, mas deixe-me falar mais um pouquinho sobre o assunto.

Copywriting, também conhecido apenas como copy, é a arte de trazer resultados com a escrita persuasiva na web.

Uma técnica importante de copy é dizer para quem **NÃO É** o seu produto ou serviço. É seu dever comunicar com clareza **para quem é** a sua solução e persuadir o público, assim como **deve excluir** as pessoas que não são do seu interesse.

No caso da minha Copymaster, eu excluo quem eu não considero uma marca boa, por cultivar valores contra os que eu cultivo.

A COPYMASTER PRECISA GUIAR VOCÊ

Mais do que ter a minha Copymaster nas redes sociais, também coloco em prática o que ela significa. Eu muitas vezes vendo cursos agregando valor com mentorias em grupos para empresários.

Tenho grupos com gente e empresas muito legais. Quando alguém quer fazer parte de um grupo, eu sempre faço uma videoconferência com a pessoa, porque eu quero conhecê-la melhor.

Faço isso porque não quero que entre alguém que vá desvirtuar o ambiente que eu construí com gente boa, determinada a aprender e a se destacar no digital. Eu quero acrescentar somente pessoas que estejam na mesma vibe do grupo, para manter o nível que já tenho.

Você entende? Faça isso também e nivele os seus clientes.

Eu sempre digo: as crises começam quando você não sabe o que esperar do outro.

Outro ponto importante sobre a Copymaster. Quando você cria a sua, você reduz as chances de cópia. O motivo é simples: você criou algo único. Mas se você for copiado, não se preocupe, **pois a cópia é uma forma de elogio**. Se alguém o copia é porque é bom. Ninguém vai copiar algo que é ruim, não é mesmo?

Toda inovação é copiada. Então se você está inovando, saiba que a cópia além, de ser um elogio, é um sinal de que **sua inovação é relevante**.

GOSTAR É BOM. CONFIAR É ÓTIMO!

Gostar e confiar são sentimentos diferentes.

O conteúdo que você vai começar a publicar fará as pessoas gostarem de você, mas são os depoimentos de clientes que confiam na sua marca que vão fazer com que o público vá além do gostar e passe a confiar em você.

Portanto, agregue depoimentos aos seus conteúdos e à sua presença digital.

No Instagram, publique Stories de depoimentos de clientes e deixe-os nos Stories fixos do seu perfil. Crie uma área no seu site que tenha depoimentos de quem confia no seu produto ou serviço. Isso é a chamada **prova social**.

No livro *A Vaca Roxa*, o autor Seth Godin explica que destaca as marcas que têm um grande diferencial em relação àquelas que não o têm. A primeira coisa que o livro mostra é a comprovação de que as marcas que mais ficam na mente das pessoas são as que inovaram e criaram algo pela primeira vez no mercado.

Qual marca veio à sua cabeça?

Uma empresa bem popular hoje em dia é a Uber. Por mais que existam outras do mesmo segmento, como 99, Cabify ou o próprio táxi, as pessoas chamam um carro por aplicativo e dizem que estão chamando Uber. É ou não é verdade? Todas as outras são as outras.

ACABE COM A SÍNDROME DO ESPECIALISTA

Marcas com a síndrome do especialista só falam usando termos técnico. Parece que estão falando somente com colegas e concorrentes de mercado.

Para desenvolver sua Autoridade Digital você precisa sanar as dores mais básicas da audiência e, portanto, não dar voz à síndrome do especialista.

Exercício prático: liste todas as dúvidas dos seus clientes.

- Quais dúvidas as pessoas lhe perguntam quando ligam para você? E na hora do atendimento?

- Quando enviam e-mails, comentários ou mensagens por DM nas redes sociais, quais as perguntas mais frequentes?

Essas dúvidas mais básicas são a fonte para você criar conteúdo, porque a dúvida de uma pessoa pode ser a de milhares.

Mais do que produzir conteúdo assertivo por saber que as dúvidas existem, é preciso ser uma **marca amiga de quem tem vergonha de perguntar**. Muitas vezes as pessoas sabem que a pergunta delas é uma dúvida simples e se acanham, mas se você produzir o conteúdo respondendo à audiência como um todo, você estará agregando valor, **gerando uma transformação** na vida de pessoas que tinham vergonha de perguntar.

Tem sentimento melhor do que ajudar alguém que iria se manter calado, sem perguntar, porque não queria "passar vergonha"? Eu considero isso recompensador!

A verdade é que não se constrói Autoridade Digital só falando de termos técnicos e tendências. É importante falar sobre tendências, mas não todos os dias. Entender isso ajuda você a traçar uma linha que o isola da síndrome do especialista e possibilita que seu crescimento seja ainda mais rápido.

O que gera confiança é justamente sanar as dores das pessoas. Separei três tipos de questões para você conhecer as dores dos seus clientes:

- Na visão dos seus clientes, quais os problemas que você resolve?

- O que os clientes querem conquistar?

- Quais são os desejos deles?

Tenha em mente que as pessoas compram por dois motivos: desejo ou dor. É como ir ao dentista — ou você vai porque está com dor, ou vai porque deseja ter dentes mais bonitos.

Por mais que já exista algo no mundo, ou até mesmo no Brasil, pode ser que não exista na sua cidade ou na sua região de atuação. Mesmo assim, isso é inovar. A inovação gera um importante diferencial competitivo.

CONHEÇA AS DORES DO SEU MERCADO

Ter ferramenta é bom. Ferramenta gratuita é ainda melhor. Use estas duas ferramentas gratuitas que ajudam você a conhecer mais dores do seu público-alvo.

Google Trends: digite termos relacionados ao seu negócio para ver o que as pessoas mais procuram sobre os assuntos.

Answerthepublic.com: ela lista todas as perguntas feitas no Google sobre um determinado assunto. Atualmente permite fazer duas buscas gratuitas por dia.

Achou estranho que eu ainda não falei sobre você? Isso tem um motivo: antes de pensarmos em nós, é preciso pensar no outro. É por isso que a gente precisa conhecer as dúvidas, as dores e os desejos dos clientes e do público-alvo para depois executar apropriadamente as estratégias para construir o personal branding.

Vamos para o próximo capítulo!

COMPARTILHE EM SEUS STORIES

ALGUNS PROFISSIONAIS NÃO CRESCEM POR MEDO DE VENDER O PRÓPRIO TRABALHO. POIS SAIBA QUE VENDER DEVE SER, HOJE, A SUA MAIOR RESPONSABILIDADE!

@TERRADORAFAEL

DEFINIÇÃO DO POSICIONAMENTO DA SUA MARCA PESSOAL

Este é um dos capítulos mais importantes, pois é a definição dos 6 ângulos do teu posicionamento, da persona da Sua marca.

Os seis ângulos são:

1) Autoridade no tema

Quais temas você domina ou quer criar autoridade?

O melhor dos mundos é o casamento entre os temas dos quais você quer falar e o que você já tem uma história.

Execute este desafio prático: faça um vídeo nos Stories perguntando para os seus clientes em que momento eles o chamariam para ajudá-los. As respostas a essa pergunta são um grande indicativo do que **o mercado já reconhece que você faz de melhor**.

Permita-me citar outro exemplo pessoal. Depois que eu ministro uma aula ou uma palestra, muitas vezes as pessoas vêm conversar comigo e elogiavam minha didática. E realmente eu estudei muito para ter uma boa didática. É o que me permite transmitir bem os conteúdos, respeitando o meu estilo de ser e falar, como mencionei antes.

E aí eu comecei a perceber que poderia ensinar outras pessoas a terem uma boa didática para serem autoridade naquilo com que elas gostam de trabalhar. Veja como isso é unir entre o passado, a história e o que o mercado demanda.

A melhor coisa do mundo é a gente vender o que as pessoas querem comprar. Em outras palavras, não tem preço se tornar autoridade naquilo que o mercado mais precisa.

2) Liste suas paixões e realizações

A gente sempre vai fazer mais e melhor o que a gente tem tesão em fazer. Não adianta fazer só o que o mercado quer, se você não se sente feliz fazendo o que faz.

Se for infeliz, sua vontade de seguir esse caminho vai durar pouco tempo. E quando dura pouco, a qualidade despenca e logo você cai no esquecimento.

Encontre o *match* entre o que você ama fazer e o que o mercado demanda.

3) Conheça os players do seu mercado

Não adianta listar o que você é bom se não houver demanda. Veja como os *players* do teu mercado estão posicionados e como você se posiciona perante eles.

Imagine se você descobre que ninguém está falando de um tema que você ama falar! Daqui a pouco você pode criar um domínio maior diante dos outros *players* e acelerar a construção da sua Autoridade Digital.

Não adianta querer ser autoridade em um nicho saturado abordando os assuntos da mesma forma que outros *players*. Você pode até conseguir iniciar algo, mas vai dar tanto murro em ponta de faca e gastar muita energia para dificilmente ser uma autoridade no assunto, especialmente se você tentar imitar as autoridades no mercado.

Ainda sobre os *players* e concorrentes de mercado, é importante saber que existem dois tipos:

- os que são da sua cidade ou da sua zona de atuação, que lhe tiram vendas;
- e aqueles que estão tão distantes que podem servir como inspiração, mesmo sendo do seu mercado. Podem ser marcas internacionais ou até mesmo do Brasil, mas não são concorrentes diretos. Esse é o ponto.

Concentre-se nisto: estude o posicionamento dessas pessoas para aprender com os acertos e, principalmente, com os erros das outras pessoas.

Escolha três *players* do seu mercado e estude profundamente o seguinte:

- O que eles estão fazendo.

- Que valor estão gerando.

- Como eles vendem.

Afinal, não é apenas uma questão de produzir conteúdo, mas também de saber trabalhar suas ofertas.

Eu digo para você estudar profundamente porque de nada adianta se você for um seguidor *pula-pula*. Não é para ficar alternando entre *players* do seu mercado sem nunca se aprofundar e se inspirar neles.

Por isso considero três um bom número para você se aprofundar, buscar inspiração e adequar os aprendizados à sua realidade. Fazendo isso, o caminho para você atingir seus objetivos vai encurtar bastante!

4) Públicos de interesse

Quais são os mercados em que você vai atuar e os públicos que você quer atingir? São mulheres? Homens? Pessoas graduadas? Pós graduadas? Na sua área do conhecimento ou em outras áreas?

Pensar nisso é importante porque vai ajudá-lo a produzir conteúdo diariamente e também será um norte importante na hora de criar os anúncios para expandir sua audiência. Conhecer o público é essencial para ter uma comunicação mais assertiva.

Lembra-se do que eu falei antes, de que as pessoas se engajam em tribos? É para isto que serve essa dica: para você criar conteúdos criativos de acordo com os interesses do seu público.

Brand persona e buyer persona

No marketing existem dois tipos de persona: brand e buyer.

- A brand persona é quem você é.

- A buyer persona é quem é o seu cliente.

A brand persona precisa ser a **melhor amiga** da buyer persona. E, para isso, é preciso que o discurso da brand seja parecido com os interesses da buyer. Se não for assim, não vai gerar interesse, não vai dar match.

Você precisa descobrir tanto o comportamento da buyer persona, como também os dados que essas pessoas deixam nas redes sociais. Jamais faça anúncios nas redes sociais baseados em interesses das pessoas. Isso é rasgar dinheiro.

Por exemplo, anunciar para mulheres que gostam de moda. Se a pessoa já curtiu um *post* de uma varejista de moda, a rede social vai entender que ela se interessa por moda. Isso não é nada assertivo, pois anunciar por interesses faz a sua publicação ser mostrada para todo mundo.

É muito mais lucrativo você anunciar com base em **profissões e cargos**. É assim que seus anúncios são mais efetivos.

5) Capacidade de monetização do negócio

Você precisa validar o preço do seu produto ou serviço.

Muita gente pensa que vai fechar um negócio por um valor e vai conseguir aumentar com o tempo.

Você já tentou fazer uma segunda proposta aumentando o valor de um cliente que já compra de você há um tempo? É muito difícil, pois as pessoas se acostumaram a pagar X e costumam desconversar para seguir pagando o mesmo. Ou buscam a concorrência...

Desculpe a má notícia: a verdade é que a maioria das marcas não consegue aumentar o preço, pois as pessoas se acostumam com o valor que sempre pagaram. Se você trabalha com prestação de serviços, deve saber bem do que estou falando. Eu criei a agência Fabulosa Ideia, e por muitos anos foi meu principal negócio, então vi isso acontecer muitas vezes.

Então, se não colocar uma cláusula de reajuste anual nos seus contratos, dificilmente conseguirá elevar a sua renda. Mas mais importante do que uma cláusula de reajuste é que você escolha o seu valor desde o início, e para isso você deve realizar uma pesquisa de mercado.

Saiba o que você tem para vender e para qual público. Então, pergunte a pessoas selecionadas quanto elas pagariam pelo que você oferece. Selecione 20 *prospects* — ou seja, pessoas e empresas que se interessam no que você oferece — e faça essa pergunta.

Eu costumo dizer que quem paga R$ 400,00 paga R$ 500,00. Porque isso é muito uma questão de percepção de valor. E, nesse caso, não são valores absurdamente diferentes.

Às vezes as pessoas se prejudicam porque cobram o preço errado. Então, com a pesquisa de mercado, você poderá se nortear para precificar com o valor mais elevado que você perceber.

6) Tendência de crescimento

Aqui vou precisar falar de novo de mim, pois este é um dos exemplos mais fortes do livro.

Eu comecei com uma agência de marketing digital e social media, então meu modelo de negócio era prestação de serviços nessas áreas.

Depois, passei a prestar consultoria e mentoria. Então expandi para cursos online e, mais recentemente, escrever livros (primeiro o *Instagram Marketing* e agora este que você está lendo).

A agência funcionava assim: cada cliente novo me demandava mais pessoas, então eu precisava contratar funcionários a cada crescimento na cartela. Isso implicava pagar mais salários, vale-transporte e tudo o que a CLT exige.

As consultorias e mentorias demandam a minha presença física ou online, mas fato é que exigem que eu esteja ao vivo diante das pessoas que me contratam.

Mas há uma diferença que você precisa conhecer.

Consultoria é a minha hora para uma pessoa ou um pequeno grupo de pessoas da mesma empresa.

Mentoria em grupo é a mesma hora para 20 ou 30 pessoas pagando pela mesma hora. Entende? É o valor da minha hora vezes 20 ou 30.

E tem também o tipo de trabalho que me exige muito em um único momento, mas me permite vender por anos. Estou falando dos cursos online: eu gravo uma vez e vendo várias vezes — e para o mundo todo! Com os livros, é a mesma coisa.

Pense agora e anote no fim deste capítulo:

- O QUE VOCÊ PODE FAZER UMA VEZ QUE RENDA VÁRIAS VENDAS?

Entenda como você pode transformar o seu trabalho em resultados exponenciais.

Os grupos de mentoria são uma grande tendência para quem vende serviços. As pessoas adoram porque a dúvida de uma pessoa pode ser a de várias. Então se um mentorado pergunta, os outros que tinham a mesma dúvida aproveitam o tempo para se aprofundar em outras questões.

Isso é muito inteligente tanto por parte de quem realiza a mentoria como de quem participa, pois é uma ótima relação de ganha-ganha. Você, enquanto mentor, deve ter em mente que essa é uma oportunidade de exponencializar a sua hora de consultoria vezes 30!

Olhe para o seu negócio, perceba do que as pessoas realmente estão precisando e pense em como escalonar a solução para que várias pessoas se beneficiem ao mesmo tempo.

Portanto, avalie as tendências do seu mercado e aplique esse olhar de exponencialização.

FAZER, MANDAR FAZER OU ENSINAR A FAZER

Lembre-se de que você pode gerar vendas de três formas sendo uma Autoridade Digital: fazendo, mandando fazer ou ensinando a fazer. Vou usar como exemplo os profissionais de nutrição.

Nutricionistas podem:

- *Fazer* consultas individuais.

- *Mandar* atividades em grupos de desafios de emagrecimento, por exemplo. Este não é o caso de uma consulta individual; pode ser um mesmo ensinamento para 20 pessoas que tenham perfis e biotipos parecidos.

- *Ensinar a fazer*, por meio de um curso online para outros nutricionistas ou até mesmo para pacientes que desejam conquistar objetivos que possam ser atingidos sem necessariamente passar pela consulta individual.

Por isso é muito importante entender o seu modelo de negócios para definir se você vai fazer, mandar fazer ou ensinar a fazer. Seu modelo pode inclusive envolver as três formas de atuação, mas o dinheiro maior estará sempre em mandar fazer ou ensinar a fazer, porque o fazer vai exigir que você esteja presente, um a um, ou seja, é menos escalável.

Escalar um negócio é fazer uma vez e solucionar os problemas e curar as dores de várias pessoas — melhor ainda se for no tempo dessas pessoas. Uma hora de consultoria ou de execução não é escalável, a menos que você mande alguém fazer.

AUTORIDADE DIGITAL

Agora que você já sabe o que é preciso para definir seu posicionamento a partir de seis ângulos, escreva todos os *insights* que vão ajudar a exponencializar a sua marca pessoal:

COMPARTILHE EM SEUS STORIES

ESQUEÇA ESSA COISA DE PROFISSIONAL MULTI, PESSOA MULTI. O FUTURO SERÁ DOS FOCADOS!

@TERRADORAFAEL

O PASSO A PASSO PARA A DEFINIÇÃO DA SUA AUTORIDADE DIGITAL

Você está a um capítulo de começar a construir a sua editoria de conteúdo. Então, as próximas páginas vão lhe oferecer uma ponte entre os capítulos da construção da Autoridade Digital e da definição do posicionamento, que irá levá-lo à execução do conteúdo!

Agora que você já sabe como desenvolver um planejamento estratégico assertivo em cima dos conceitos de Autoridade Digital e dos perfis de brand e buyer persona, caminhe comigo neste passo a passo para iniciar o conteúdo com o pé direito.

Passo 1: o casamento perfeito

Já abordei isso anteriormente, apenas retomo aqui para ficar como a pedra fundamental do passo a passo: liste suas maiores habilidades e paixões.

O lucro mora quando você encontra o meio-termo entre a sua paixão e as habilidades demandadas pelo mercado.

Passo 2: encontre seu subnicho

Olhe bem para o seu nicho e escolha o subnicho que mais lhe agrada.

No meu nicho de marketing digital, eu poderia falar sobre SEO, Google Ads, social media, e-mail marketing etc. Sou uma autoridade em Instagram Marketing, tendo inclusive publicado um livro com esse nome, e aqui, nesta obra, eu estou falando de Autoridade Digital.

Lembre-se do exemplo que citei há pouco usando profissionais de nutrição e direcione o olhar da mesma forma para o seu mercado.

Passo 3: valorize sua autenticidade

Quais são as tuas maiores singularidades?

O que o torna uma pessoa única?

Você é bem-humorado?

Fala palavrão?

O bom da web é que tem campo para todo mundo. Tem gente que prefere professores bem-humorados. Tem quem prefira professores sérios e que vão direto ao ponto.

Tem quem prefira livros técnicos. Tem quem prefira livros direto ao ponto e de leitura dinâmica, como este que você está lendo.

Tem quem prefira uma mescla. E ainda tem quem transite pelos momentos de curtir todas as possibilidades.

A gente vive um momento em que **parece que tudo já foi dito**. Então a diferença não está no que você vai falar, e sim em **como vai falar**.

Singularidade é olhar para as suas características pessoais e imprimir isso no seu discurso na web. O que você faz melhor na web: vídeo, foto, texto, áudio?

Quanto mais apostar na sua singularidade, mais você irá se destacar. Isso também vale para a forma como você se veste. Eu adoro blazer, quase sempre estou vestindo um. Então esse é o meu estilo, é a minha persona.

Não estou dizendo que você deva se vestir como eu, e sim que você valorize como você mais gosta de se vestir, como você se sente mais confortável. Pense nos elementos psicológicos e visuais que vão fazer você ser **quem você realmente é**, entende?

Singularidade é tudo isso e também listar temas que você **vai abordar** e que **nunca vai** abordar.

Se você já recebeu um e-mail meu, ou deixou algum comentário no meu Instagram @terradorafael, deve ter reparado que eu finalizo minhas mensagens com **abração**. Isso eu identifiquei durante meu estudo de mercado, pois gosto de ser uma pessoa acessível, e percebi que pessoas com esse perfil não se comunicam de forma indiferente ou protocolar, como escrever "abs" ou "atenciosamente" no fim das mensagens.

Isso não é marcante, pois é muito formal e amplamente usado. Não tem nada a ver comigo.

Durante a pandemia e no contexto de distanciamento social, eu adaptei o *abração* e comecei a escrever ***abração virtual***. Peguei uma singularidade minha e adaptei para a situação que estávamos vivendo, de ampla transformação digital.

Então eu lhe pergunto: para encerrar uma mensagem, a sua marca pessoal faria o quê?

Mandaria um beijo?

Mandaria um abs?

Mandaria um atenciosamente?

Mandaria um forte abraço?

A sua linguagem é fundamental para construir a forma como você quer ser percebido pelas pessoas.

Não tem nenhum problema em mandar *atenciosamente*, pois se você quer ser uma Autoridade Digital reconhecida por ser formal, é em uma linguagem nesse estilo que você deve investir. Para isso, precisa olhar para o alinhamento entre a sua brand persona e os interesses e comportamentos da sua buyer persona.

Exercício prático: peça para que três clientes ou seguidores engajados definam você.

Por que isso?

Porque muitas vezes as pessoas que mais interagem ou compram da gente percebem singularidades que nós não percebemos sobre nós mesmos. Então perguntar a elas pode gerar *insights* bem produtivos.

Mas atenção: jamais peça para os seus amigos ou para membros da sua família definirem você. Porque segundo o famoso psicoterapeuta Carl Jung, conhecido por ser o pai da psicologia junguiana, nós usamos **máscaras sociais**.

"Que raios são essas máscaras?", você deve estar pensando. Isso significa que nós agimos conforme o nosso grau de intimidade.

Com a nossa mãe, com o nosso pai, com as pessoas mais próximas, nós tendemos a agir "despidos" de máscaras. Ou seja: somos quem realmente somos.

Por outro lado, clientes e seguidores não estão acostumados a nos ver como agimos em um ambiente mais pessoal ou em um contexto de festa de fim de ano. Então essas pessoas o percebem muito mais pelo que você gera de interessante para elas. Por isso, recomendo que você faça esse exercício com elas, e não com pessoas próximas.

Passo 4: tenha referências que o inspiram

Outra dica que eu reforço é que você estude profundamente três pessoas que você admira no seu mercado profissional para conhecer como elas se posicionam.

Então pesquise que tipo de postagem essas pessoas fizeram e gerou mais engajamento. Não é para você copiar nada, não é essa questão. É para você encurtar caminho conhecendo os formatos.

Por exemplo: as pessoas que você admira têm mais engajamento em Reels. Então você vai focar produzir conteúdo sobre temas de interesse da sua buyer persona em formato de Reels.

Uma coisa é você criar uma conta em uma rede social e começar a publicar qualquer coisa sem estratégia pensando que vai se tornar uma Autoridade Digital. Outra é você entender o caminho percorrido por quem está no lugar ao qual você quer chegar e **atalhar** pelo que essas pessoas fizeram de melhor.

Ter referências é ter repertório rico!

Passo 5: conheça os níveis das dores do seu público

Liste as dores do seu público baseado em **vitamina C** e **Benzetacil**.

A dor de Vitamina C é aquela dorzinha fraca de um remédio para fortalecer o organismo ou uma aspirina da vida, para curar aquela sensação incômoda.

Por sua vez, a dor de Benzetacil é quando a dor está muito forte. A garganta inflamou a ponto de que remédio nenhum está curando e você precisa ir para a agulha.

Como isso funciona na Autoridade Digital?

A Vitamina C é para quem já vende no digital e está querendo apenas se manter no patamar atual ou eventualmente crescer um pouco mais. A dor de Benzetacil é para quem não está vendendo o que gostaria de vender.

Você precisa entender a gravidade das dores da sua buyer persona, porque, assim, pode focar a dor de Benzetacil, que é a do público que vai comprar você mais rapidamente.

É igual à dor de dente: você precisa resolver com urgência. Seu público-alvo pode estar na mesma situação, o que lhe permite pegar um atalho e crescer mais rapidamente.

Passo 6: defina a frase da sua marca pessoal

Lembra-se da Copymaster? Chegou a hora de responder às perguntas e criar uma frase persuasiva e objetiva.

- O que você vende?
- Para quem você vende?
- Com qual diferencial?

Passo 7: planeje sua presença no Google

Com quais palavras você quer ser encontrado no Google?

Lembra que eu falei que a web é um grande oceano, e que cada conteúdo que você gera é uma isca? O jogo no Google é a partir de **palavras-chave** que formam um contexto de compra.

Pense em quatro tipos de palavras para estar bem posicionado no Google:

1. **A sua marca / a sua empresa:** para isso, um site com um blog é muito importante, porque o site é estático, e cada *post* novo no seu blog é uma forma de trabalhar outras palavras-chave importantes para ser encontrado. Tudo isso gera a sua reputação no digital.

2. **O quê + onde:** o que você vende? Onde você vende?

    Se você é uma nutricionista em Maceió, quando as pessoas buscarem "nutricionista em Maceió", você tem que aparecer na primeira página.

    Ah, Rafael, mas eu ainda não apareço. O que eu faço para aparecer entre os primeiros resultados?

    Você pode criar um vídeo no YouTube com o título contendo as palavras-chave **Nutricionista em Maceió**; pode criar *posts* com as mesmas palavras-chave em redes sociais; pode fazer anúncios no Google para ser destaque no topo da primeira página.

    São muitas alternativas efetivas, e eu vou detalhar cada uma delas nos capítulos dedicados às plataformas.

    Ah, Rafael, mas eu quero que as pessoas procurem "nutricionista" e já me encontrem.

    Isso é muito amplo. O segredo é agir como você busca algo no Google.

Você precisa pensar que as pessoas sempre procuram **alguma coisa em algum lugar**. Então use o que você faz + onde você faz (sua cidade ou região de atuação).

3. **Como os seus clientes procuram por você:** às vezes os clientes procuram errado.

   Eu já trabalhei a**ss**essoria (com 4 S) de comunicação, e via que muita gente chegava ao meu site procurando por "acessoria", com C. Percebi que muita gente escrevia errado e vi isso no Google Trends.

   Então eu tenho que trabalhar essa palavra escrita erroneamente. Não quer dizer que eu terei a escrita errada em destaque no meu site, mas vou trazê-la nas *tags* do site, no código-fonte e em lugares que não aparecem.

4. **Tendências do seu mercado:** sabe aquele ditado *quem ri por último ri melhor*? No Google é o contrário, quem ri primeiro é que se destaca.

   Ou seja: se você produz conteúdo no seu site/blog antes que seus concorrentes em determinadas tendências de mercado, seu domínio vai ter prioridade na hora em que o Google entregar os resultados para quem está buscando pelo assunto.

   Por isso, é preciso perceber como você e seus concorrentes estão posicionados no Google, para então planejar seu conteúdo e, se for o caso, desenvolver uma estratégia de anúncios (Google Adwords) também.

   Existe uma regra no Google que é a Regra dos Top 10. Isso significa que 90% dos acessos na web vão para os dez primeiros resultados na primeira página.

   Ou seja: se você não está entre os dez primeiros, você disputa pela atenção de somente 10% dos acessos do mundo, e isso reduz muito as suas chances de chegar ao seu consumidor final.

COMPARTILHE EM SEUS STORIES

NUM MAR DE INCERTEZAS, O SEU CONTEÚDO TEM QUE SER ENCARADO COMO UMA BOIA: QUE ACOLHE E APONTA CAMINHOS!

@TERRADORAFAEL

COMO E POR QUE CRIAR EDITORIAS DE CONTEÚDO

Você já percebeu que a base da Autoridade Digital é o conteúdo, certo? Aqui vamos fazer as redes sociais trabalharem para gente, para que não sejamos escravos delas.

A base para fazer as redes sociais trabalharem pelo seu sucesso é:

- conhecer os cinco pilares de conteúdo mais efetivos para construir sua Autoridade Digital; e

- criar editorias de conteúdo, para nunca ficar sem saber o que publicar e sempre falar sobre assuntos de interesse da sua buyer persona.

Vamos começar pelos cinco pilares, pois serão muito importantes para, posteriormente, você pensar nas suas editorias de conteúdo.

OS CINCO PILARES DE CONTEÚDO PARA VOCÊ CONSTRUIR SUA AUTORIDADE DIGITAL

As pessoas consomem conteúdos de quem:

> ENCORAJA SEUS SONHOS.

> JUSTIFICA SUAS FALHAS.

> CONFIRMA SUAS SUSPEITAS.

> ALIVIA OS SEUS MEDOS.

> ATACA OS SEUS INIMIGOS — NO CASO DO MARKETING DIGITAL NÃO SÃO PESSOAS, E SIM TEMAS (JÁ VOU EXPLICAR ISSO MELHOR).

Como você vai criar conteúdo em cima desses cinco pilares? O primeiro passo é **listar os sonhos dos seus clientes**, da sua buyer persona. O que ela quer da vida?

Por exemplo: o sonho de quem me segue, de quem compra meus cursos, me contrata como mentor e compra meus livros é **vender mais**, **melhorar a presença digital** e ser **autoridade no seu mercado**. Não é verdade?

Então eu produzo conteúdo para ajudar as pessoas nessas questões. Eu as encorajo a serem as melhores versões de si mesmas e indico as melhores estratégias e ferramentas para que conquistem seus sonhos.

Segundo ponto: **justificar suas falhas**.

Todo mundo quer um melhor amigo para pegar na mão e trilhar um caminho que estava difícil de superar sem ajuda. Pense: onde seu cliente está falhando e você pode ajudar?

No momento em que você sabe qual é a falha dele e lhe diz: "cara, está tudo bem, vem comigo, que eu te ajudo a lidar com isso para que você conquiste seus sonhos...", isso é um diferencial muito bacana!

É como procurar uma nutricionista para emagrecer. Nutricionista bom no que faz não passa apenas uma receita de dieta, e sim ensina a mudar os hábitos alimentares e de saúde em geral.

É fato que a maioria das dietas não dá certo porque as pessoas não conseguem desenvolver hábitos saudáveis. Então os profissionais de nutrição que são autoridade não vendem apenas receitas, e sim facilitam que seus pacientes adotem hábitos saudáveis.

Quando o seu conteúdo ajuda a resolver as falhas é o momento em que você fortalece a sua autoridade e lucra mais.

Confirmar suas suspeitas. Veja o que isso significa na prática. O alcance orgânico no Instagram caiu? Sim, caiu, como periodicamente cai em todas as redes sociais conforme aumenta a demanda por conteúdo.

Eu, como autoridade, consigo confirmar para a minha audiência: "sim, o alcance orgânico no Instagram caiu". E também posso dizer o que a pessoa deve fazer para prosperar mesmo em um cenário de queda.

Próximo tópico: **aliviar o medo**. Lembra que eu falei que você não deve ter dois perfis nas redes sociais, sendo um pessoal e um comercial? Esse é um dos medos dos meus clientes e seguidores que eu já aliviei de imediato neste livro e sempre reforço nos meus conteúdos na web.

Eles não sabem quantos perfis devem ter, então eu chego e digo: "Você precisa ter um perfil só, porque tudo é pessoal, não existe mais divisão entre online e offline, pessoal e profissional". Eu estou tirando o medo da pessoa e aproximando-a dos objetivos dela.

Agora o item mais polêmico: **atacar seus inimigos**. Como assim?

O melhor exemplo vem de um ex-aluno meu. O cara tem um e-commerce de vinhos e me perguntou o que eu quero dizer com *atacar seus inimigos*. Mal sabia ele que o empreendimento dele é perfeito para exemplificar.

Qual é o inimigo do vinho? É a cerveja! Tomar uma taça de vinho é muito mais saudável do que beber uma lata de cerveja.

Vinho com moderação emagrece e contribui para o rejuvenescimento da pele por retardar a ação de radicais livres, entre outros benefícios. Cerveja engorda mesmo bebendo com moderação, por mais pura e artesanal que seja. Entende? Inimigos, no caso da Autoridade Digital, são os temas contraditórios ao seu negócio.

Quando você começar a criar conteúdos em cima desses cinco pilares, eu tenho certeza de que a sua marca vai crescer, crescer, crescer e crescer sem parar. Porque isso não se resume a apenas trazer dados ou traduzir pesquisas, e sim colocar a sua própria marca nos **contextos mais favoráveis** para as pessoas lhe darem atenção e comprarem de você.

EDITORIAIS DE CONTEÚDO ELIMINAM SUAS DÚVIDAS

Já aconteceu de você ficar pensando: *Nossa, que conteúdo eu publico hoje?*

Editoria de conteúdo é o que vai eliminar suas dúvidas no dia a dia e lhe dar a consistência necessária para se tornar uma Autoridade Digital.

A ansiedade ataca quando você não sabe o que vai publicar para fazer sua marca pessoal crescer. Isso acontece com quem não define editoriais de conteúdo.

Existe uma teoria da comunicação chamada **Agenda Setting**. Ela diz que as pessoas gostam de se programar para ver um determinado conteúdo em um local e horário que ela já conhece.

O famoso Chaves já dizia: *Até amanhã, nesse mesmo horário e nesse mesmo canal.*

Pense comigo: quando você assina um jornal, uma revista ou até mesmo um *streaming*, você já conhece de antemão qual é a promessa de conteúdo que vai ter nesse veículo. Sabe também o momento em que o conteúdo estará disponível (ou não) para você.

As pessoas gostam de seguir marcas pessoais e empresariais cuja promessa de conteúdo elas conhecem e sabem quando vai estar disponível. É por isso que os youtubers mais famosos sempre divulgam a programação dos seus conteúdos e a colocam na foto de capa dos seus canais.

Se as pessoas não sabem o que esperar de você nas redes sociais, elas não vão seguir você.

Eu costumo dizer que as pessoas precisam de motivos para tudo na vida. Que motivo você está dando a elas para que o sigam?

Eu o convido a escrever aqui embaixo quais motivos você, hoje, dá para sua audiência o acompanhar nas redes sociais. Mesmo que você não esteja satisfeito com o resultado, escreva aqui, para, depois que terminar a leitura e tiver o seu novo planejamento completo, poder comparar o antes e o depois. Acredito que a diferença vai orgulhá-lo muito!

_____

_____

_____

_____

_____

_____

_____

Agora que você entendeu que agendar as pessoas é importante, inclusive a ponto de ser uma teoria da comunicação, vai ficar mais fácil você perceber que, sim, é essencial definir suas editorias de conteúdo em cima de interesses do seu público-alvo e que flerte com o que está acontecendo no mundo.

O cenário ideal é: faça uma relação do seu negócio com temas atuais e relevantes no dia a dia.

O melhor é que existem certas épocas do ano em que você tem muitos acontecimentos que pode aproveitar para fazer essa relação. Por exemplo, o Oscar. Vamos supor que a Meryl Streep ganhou o Oscar de Melhor Atriz.

Ah, Rafa, mas eu trabalho com arquitetura...

Calma, existe uma relação entre o seu mercado e o cinema.

Você pode aproveitar que as pessoas estão falando sobre a Meryl Streep para falar sobre a arquitetura da casa dela. Ou, dependendo do caso, pode analisar até mesmo os ambientes do filme no qual ela atuou e venceu a premiação.

Ou seja: você uniu a sua especialidade com algo que está em alta e todo mundo está falando sobre. Vai gerar um grande engajamento!

O mesmo vale para vários outros segmentos. Vamos a mais dois exemplos:

Moda: analise o vestido que a Meryl Streep usou. Você aprova o *look*? Você consegue indicar maneiras mais acessíveis para a sua audiência compor o visual de modo parecido?

Marketing: analise a forma como a Meryl Streep divulgou o filme. Comente sobre as entrevistas que a atriz concedeu. Fale também sobre as estratégias usadas pelo estúdio para divulgar o filme e mantê-lo em alta não só na mente dos votantes do Oscar, mas também do público.

Definir editorias de conteúdo é uma forma de facilitar a sua organização e informar de antemão a audiência para que as pessoas saibam o que esperar da sua marca.

Então eu recomendo a você criar um planejamento de redes sociais muito em cima dos assuntos nos quais queira quer gerar autoridade, escolher os canais com que tenha mais intimidade ou nos quais sua audiência esteja mais presente e depois criar um agendamento.

Por exemplo:

> **NA SEGUNDA,** VOCÊ PUBLICA UMA DICA DE COMO FAZER ALGO NO SEU MERCADO.

> **NA TERÇA,** VOCÊ PUBLICA UM VÍDEO.

> **NA QUARTA,** VOCÊ DESTACA UMA FRASE SUA.

> **Na quinta**, você faz um concurso cultural.

> **Na sexta**, você faz uma live.

> **No sábado**, você indica um livro, um filme ou uma série.

> **No domingo**, você publica um Reels.

Acostume-se a sempre publicar no(s) mesmo(s) horário(s).

Na maioria das redes sociais, você consegue ver os horários em que o público que o segue está mais conectado. No Instagram, por exemplo, você descobre acessando: *Perfil > Menu > Insights > Total de Seguidores > Períodos mais ativos (Horas e Dias)*.

Agende os *posts* para os horários mais movimentados de cada dia. A lógica é simples: quanto mais pessoas navegando na rede social, maiores são as chances de o seu *post* ser visto assim que for publicado.

Algumas redes sociais como o Facebook e o YouTube possuem ferramentas de agendamento próprias, mas você pode contratar serviços de terceiros. Eu uso e recomendo o **mLabs**.

Quando cria o planejamento e agenda os conteúdos, você inverte o jogo e **faz as redes sociais trabalharem para você**.

Quer ser realmente produtivo ao criar os conteúdos para sua marca? Então leia o livro *A Única Coisa*, do autor **Gary Keller**. Ele prova que temos mais sucesso na tarefa se focarmos apenas ela do início ao fim, e não fazer várias coisas ao mesmo tempo. Esqueça o mito do profissional multitarefa.

Eu cito esse livro porque você vai perceber que, sim, os resultados são muito melhores ao focarmos uma única tarefa, e o tempo de execução tende a ser menor.

Você pode dedicar por exemplo duas horas do seu dia para planejar duas semanas de conteúdo, em vez de fazer um *post* por dia em meio a uma série de outras tarefas.

Diz aí, não é muito melhor reservar duas horas para produzir e agendar conteúdos, tendo o restante do tempo livre para fazer outros trabalhos, engajar com as pessoas nas redes sociais e, é claro, descansar e ter momentos de lazer? Eu prefiro!

Agora, obviamente não podemos esquecer que, às vezes, inteligência em redes sociais signfica **quebrar o planejamento**. Se durante o período que você agendou acontecer alguma coisa muito importante na sua área, aproveitar o timing e opinar sobre o que aconteceu vai fortalecer muito a sua Autoridade Digital.

O melhor caminho para começar a definir suas editorias de conteúdo é:

> Listar dúvidas dos seus clientes.

> Listar dúvidas com base no que as pessoas pesquisam no Google (use as ferramentas Google Trends e answerthepublic.com).

> Veja o que as pessoas perguntam nos comentários das redes sociais de outros players do seu mercado.

> Selecione fontes de informação confiáveis (sites, newsletters, canais no YouTube) para acompanhar as tendências e produzir conteúdo a partir delas.

> Fique de olho em memes e assuntos do momento que estão viralizando na web.

O que são os memes? É o público transformando algo engraçado (ou não tão engraçado) em conteúdo rápido, divertido, que chama atenção.

Não estou dizendo que você deve investir nesse tipo de conteúdo, mas reforço que quando você une a sua especialidade com o que está acontecendo no mundo, você tem muito mais chances de conquistar boas taxas de engajamento. Fique de olho também nas músicas do momento e nos desafios do TikTok e dos Reels do Instagram.

NÃO SEJA ESCRAVO DAS REDES SOCIAIS. ELAS É QUE DEVEM TRABALHAR PARA VOCÊ. E NÃO O CONTRÁRIO!

A seguir, eu lhe mostro o passo a passo do que eu faço semanalmente para planejar e agendar as minhas postagens. Espero que o ajude a também pensar no seu planejamento.

COMO EU ME INSPIRO E CRIO CONTEÚDO DIÁRIO

Tenho uma pasta no meu e-mail chamada **Inspiração**, lá vou colocando:

- Pesquisas interessantes.
- *Insights* que vou tendo.
- Notícias sobre os temas que escrevo.
- Aprendizados de filmes, livros, séries e outros perfis.
- Perguntas interessantes dos meus seguidores.
- *Cases* e resultados com meus clientes e alunos.

O domingo de manhã é sagrado para a minha presença digital.

Acordo de manhã, coloco uma musiquinha, faço meu cafezinho e planejo minha semana inteira de *posts*, de segunda a segunda.

Não gosto de planejar muito a longo prazo, pois tudo muda bem rápido no universo das redes sociais.

Em 2022, um artista que me acompanhou muito durante os planejamentos e contribuiu para a minha inspiração aos domingos foi o The Weeknd.

Depois do planejamento, o design

Já usei o Trello para organizar as ideias e enviar para o profissional de design que trabalha comigo. Hoje prefiro enviar por e-mail mesmo.

Cada e-mail deve ter:

- O formato do conteúdo do *post*.
- O conteúdo do *post* em questão.
- Os exemplos que quero incluir ou as imagens.
- Inspiração ou sugestão de algum detalhe diferenciado.

Hora de agendar!

Aqui mora a diferença entre ser escravo das redes sociais e fazer elas trabalharem para mim. Isso acontece quando planejamos e agendamos!

Depois que chegam os *posts* do designer, eu agendo a semana inteira via mLabs.

Mensuração e aprendizado constante

Além de planejar no domingo, também vejo aquilo que deu certo na última semana: os *posts* que tiveram maior alcance, engajamento e conversão.

Seja flexível

Não é porque você planejou a semana que não estará aberto a algum novo conteúdo que possa *bombar*.

Memes e mudanças não têm hora para acontecer. E os conteúdos com maior alcance são sempre aqueles "quentes", que estão alinhados ao contexto atual. Esteja aberto a quebrar o planejamento e inserir pauta nova.

Lembre-se: eu planejo tudo no domingo porque amo fazer isso. Então escolha o dia e o horário que mais funcionam no seu caso!

DEIXE DE SER O EXÉRCITO DE UMA PESSOA SÓ O QUANTO ANTES

Ainda não tem grana para contratar designers ou uma agência especializada? Trabalhe com o que você tem no momento.

Indico muito o uso de aplicativos gratuitos como o Canva, que tem um monte de templates grátis e funciona muito bem tanto no celular como no computador. É uma mão na roda para quem não é designer.

Mesmo que você não seja designer, é superimportante pensar em como quer que a sua Autoridade Digital seja percebida em termos de imagens. Por isso que contar com recursos com o Canva pode facilitar muito a sua jornada enquanto não tiver condições de montar uma equipe para o ajudar.

Futuramente você poderá contratar profissionais ou agências de marketing para o auxiliar no dia a dia em tarefas como:

- Edição de vídeo (videomaker).

- Produção de conteúdo e gestão de redes sociais (ghostwriter, social media, designer).

- Anúncios (gestor de tráfego pago).

Pense também em formas de exponencializar o mesmo conteúdo, pois formatos diferentes em contextos diferentes impactam pessoas diferentes.

Uma palestra de 30 minutos em vídeo pode:

- Ser publicada na íntegra no YouTube.

- Ter o áudio distribuído como podcast.

- Ter o conteúdo transcrito para um *post* de blog e artigo no LinkedIn.

- Transformar um trecho de um minuto em vídeo para Reels, TikTok e YouTube Shorts.

- Ter foto de uma palestra sua publicada no *feed* informando que você palestrou.

Fazer todos esses desdobramentos de conteúdos é muito difícil sem contar com o apoio de, pelo menos, mais um profissional. Portanto, comece com o que você tem, mas destine uma parte da receita que você vai gerar ao longo do caminho para construir uma equipe qualificada e alinhada ao seu objetivo de se tornar Autoridade Digital.

OTIMIZE A DISTRIBUIÇÃO DO SEU CONTEÚDO

Apenas publicar conteúdo não é certeza de que as pessoas irão recebê-lo! É preciso distribuí-lo com estratégia!

Confira a seguir o checklist da distribuição de conteúdo nas redes sociais.

Os cinco passos para seus posts alcançarem mais pessoas

1. Crie o conteúdo para o formato e a rede social nos quais sua marca tem mais alcance.

   Por exemplo: o *feed* do Instagram.

2. O mesmo conteúdo em redes diferentes impacta pessoas diferentes.

   Ou seja: crie um desdobramento com o formato das outras redes.

   Por exemplo: um carrossel do Instagram pode ser transformado em uma lista no Facebook ou até em um infográfico no Pinterest.

3. Chame a atenção para os seus *posts* nos grupos de Telegram e WhatsApp de maneira criativa.

   Com um áudio complementar, por exemplo.

4. Anuncie os seus melhores conteúdos.

Isso mesmo: aquilo que deu certo vai dar ainda mais certo com verba de anúncios!

5. E-mail marketing tem um alcance incrível.

   Separe os seus melhores conteúdos da semana e envie uma newsletter para sua base mais engajada. De preferência na terça ou quinta.

CONTEÚDO SEM OFERTA NÃO GERA LUCRO

Agora vamos para a união do conteúdo com a oferta. Lembra que eu falei que o conteúdo precisa ser que nem dinheiro e trabalhar para você? Então, em alguns momentos você precisa oferecer algo.

Engaje gente engajada. Você sempre vai vender mais produtos e serviços para pessoas engajadas com a sua marca.

Como assim, Rafa?

Veja como eu faço a minha estratégia para vender meu curso e meu livro sobre Instagram Marketing:

- Eu ofereço uma aula gratuita ou um webinar com base em alguns tópicos do curso que eu quero vender.

- As pessoas que gostarem e se engajarem estarão muito mais propensas a comprar o curso ou o livro — ou até mesmo ambos.

- É com essas pessoas que eu vou falar, oferecendo benefícios durante a live e investindo em anúncios para impactá-las nos dias seguintes. Sem perder tempo com quem não estiver a fim!

Mas cuidado: não caia na tentação de transformar a sua conta em um catálogo de vendas. Quando você só quer vender, vender, vender, as pessoas não se engajam e param de lhe dar atenção.

O melhor caminho é unir o conteúdo com publicidade, que vira algo sutil.

Posso fazer um carrossel com cinco dicas de Instagram Marketing e, no último carrossel e na legenda, aplicar técnicas de copywriting para vender um produto relacionado ao tema. Entende?

Eu chamo atenção com as dicas e então apresento o discurso de venda. Se de cara eu fosse vender algo em que a pessoa não tivesse interesse, eu a afastaria.

Você está lendo um livro sobre Autoridade Digital, não sobre copywriting. Eu reforço que é superimportante aprender sobre copy, mas não vou deixá-lo sem nenhuma base, mesmo que o objetivo deste livro não seja a escrita persuasiva.

Para fazer o link entre conteúdo e oferta, é fundamental que você conheça os **gatilhos mentais de escassez e urgência**.

Para explicar os conceitos, vou usar uma situação que vivi com uma amiga que tinha uma conta superengajada no Instagram. Postava uma foto dos vestidos que estavam à venda e recebia centenas de comentários, mas ela reclamava que ninguém ia à loja comprar.

Foi muito fácil resolver o problema dela com os gatilhos de escassez e urgência. Em vez de só postar foto dos vestidos, ela passou a dizer para as seguidoras correrem para a loja porque **só tinha um** no estoque.

Escassez: somente uma unidade no estoque. Se não comprarem este, as clientes vão ter que esperar a renovação do estoque. Se for uma edição limitada, é agora ou nunca!

Urgência: 20% de desconto somente até amanhã. Se a pessoa não comprar agora, vai perder a oportunidade de pagar menos.

O que eu quero dizer é: melhor do que vender todos os dias é **vender mais em alguns dias**.

Então, em vez de eu vender um curso por dia, faço um evento gratuito no qual muitas pessoas me darão atenção, engajo-as com uma oferta usando os gatilhos mentais e vendo centenas de cursos sem ser chato no *feed* diariamente.

Hora da virada de chave na sua mente: a partir de agora, você é um canal de comunicação em que as pessoas sabem que tipo de conteúdo vão encontrar. Sua marca está entrando no jogo da consistência e vai passar a ser percebida como uma Autoridade Digital pelo público-alvo.

COMPARTILHE EM SEUS STORIES

REPUTAÇÃO É REPETIÇÃO. VOCÊ TEM QUE REPETIR, DE FORMA CRIATIVA, AQUELES ASSUNTOS NOS QUAIS QUER SE TORNAR UMA AUTORIDADE.

@TERRADORAFAEL

OS SEIS FATORES-CHAVE DA AUTORIDADE DIGITAL

Defini os seis fatores-chave da Autoridade Digital após analisar o que grandes marcas pessoais e influenciadores têm em comum.

Tudo é matemática e raciocínio lógico. Então, é importante observar isso para chegar a fórmulas que o ajudem a acelerar a exponencialização da sua marca, por meio de fatores, posicionamentos e atitudes em comum com quem é autoridade.

São justamente esses aspectos em comum que eu vou resumir aqui.

Você vai perceber que eu já falei de algumas questões, mas vou retomá-las para você ver como funciona a lógica por trás dos resultados. Esse reforço vai tornar todo o entendimento mais fácil de entender, porque você já passou por vários capítulos essenciais.

Fator 1: a história

A sua história tem que se relacionar com o que você vende, obviamente.

Você já ouviu falar no livro *A Jornada do Herói*, de Joseph Campbell? Ler essa obra abre os seus olhos e o faz perceber que filmes, seriados e novelas são basicamente iguais — só mudam os personagens.

O título do livro dá nome à fórmula "jornada do herói", que é o seguinte:

> O HERÓI ESTÁ QUIETINHO NA PRÓPRIA CASA E RECEBE UM CHAMADO PARA A AVENTURA.

> O HERÓI PARTE PARA A AVENTURA E VIVE UM MONTE DE PROBLEMAS. AFINAL, É MUITO MAIS INTERESSANTE VER UM

FILME EM QUE OS PERRENGUES ACONTECEM PARA QUE A AÇÃO SE DESENROLE E GERE APRENDIZADOS, EM VEZ DE SER TRANQUILIDADE DO INÍCIO AO FIM, NÃO É VERDADE?

> O QUE ACONTECE NO FIM? O HERÓI VENCE OS INIMIGOS E CONQUISTA ALGO: PODER, JOIA, SALVA O MUNDO...

As aventuras do Homem-Aranha não são assim? O Peter Parker está lá, na dele, então é picado por uma aranha, descobre que tem poderes, começa a salvar pessoas e a lutar contra inimigos cada vez mais perigosos e, no fim da maioria das histórias, se dá bem e conquista seus objetivos.

Trazendo para a realidade das novelas. Você assistiu à novela *A Dona do Pedaço*, lançada pelo Globo em 2019?

A Maria da Paz, personagem da atriz Juliana Paes, era pobre. Para sobreviver, montou o próprio empreendimento vendendo bolos e conquistou o sucesso. Vieram os inimigos, e ela perdeu tudo. Então ela foi à luta de novo e venceu.

Por isso é muito importante investir em *storytelling*, o ato de contar boas histórias. Aplicado ao marketing digital, o *storytelling* é a capacidade de transmitir conteúdo por meio de um enredo elaborado e com narrativa envolvente.

É aqui que as marcas pessoais com maior autoridade se destacam, pois elas não dividem seus perfis entre pessoal e profissional em contas diferentes. É tudo pessoal, lembra?

Gostar da história do outro, sentir empatia pelo outro... esses são sentimentos que aproximam as pessoas!

A arte de contar histórias é justamente se conectar com as pessoas. Não se baseia em ganhar dinheiro, e sim em gerar emoções e se aproximar dos seus públicos de interesse.

Eu, hoje, sou professor, mas posso dizer que minha história dando aulas começou antes mesmo de eu entrar na primeira série do ensino fundamental.

Meus pais são professores. Quando eu era criança minha mãe me levava junto para a escola onde ela trabalhava, e eu ficava no canto do quadro brincando com giz de cera, fingindo ser professor.

Quando chega o Dia das Mães, sempre homenageio minha mãe e conto como a profissão dela me impactou positivamente para hoje eu fazer o que faço. Isso é uma forma de trazer a minha história para o meu conteúdo nas redes sociais.

Essa história ajudou a dar um clique na sua mente?

Aproveite o espaço a seguir para escrever a primeira história da sua vida pessoal que lhe vier à cabeça. Tenho certeza de que, depois de terminar de ler este livro, você vai querer voltar aqui para transformar esta história em conteúdo.

_____

_____

_____

_____

_____

_____

_____

_____

Não quis induzi-lo antes de lhe pedir para escrever, mas fiquei pensando se sua história tem a ver com algum perrengue.

Geralmente a gente se lembra mais das adversidades pelas quais passamos e como as superamos, pois os aprendizados tendem a ser valiosos, e a superação faz a gente bater no peito e se orgulhar, ou simplesmente hoje olhar para trás com outra perspectiva e dar risada.

Fato é que ambos pontos de vista podem ter um viés positivo para você atualmente, mesmo que o ocorrido no passado tenha sido difícil de lidar.

E por termos a tendência de nos lembrarmos dos perrengues é que as **histórias de superação** dão mais engajamento, **pois criam fortes conexões entre as pessoas**, especialmente se quem vai consumir seu conteúdo já passou por algo parecido.

Fator 2: a perfeição afasta

Isso tem tudo a ver com falar sobre os perrengues.

Vale muito mais o conteúdo que você está dando para as pessoas do que a perfeição do conteúdo. Até porque o que é perfeito para mim pode não ser perfeito para você, e vice-versa.

Então nunca nada vai ser perfeito para todo mundo, nem todo o seu público-alvo.

Por que às vezes um Story com a imagem não tão boa rende mais engajamento do que um Reels supereditado? Porque a história é boa, é real!

Não queira ser perfeito.

E já deixo uma dica: **jamais** trabalhe sua marca pessoal com **banco de imagens**.

Aquelas fotos clichês de pessoas de terno e gravata ou um monte de gente sorrindo afastam a audiência. Não invista seu tempo criando artes com frases de efeito usando esse tipo de imagem, muito menos finja que as pessoas nas fotos de bancos de imagens são seus funcionários ou seus clientes.

A nossa mente se engaja muito mais com pessoas reais.

Fator 3: a personalidade

O que você vai decidir potencializar?

A maioria das pessoas que bombam é fácil de identificar porque tem um modo de falar diferente. Elas se diferenciam pela maneira como transmitem o conteúdo. Mas de novo: não é para copiar o bordão ou o jeito de falar de quem já é Autoridade Digital.

Você precisa entender bem a sua própria personalidade para ver o que você quer potencializar ou não.

Fator 4: o propósito

Por que você faz o que faz?

Identificar isso é olhar muito além do interesse econômico e do quão rentável é o seu mercado.

- Você quer ajudar as pessoas porque já passou pelo que está ensinando?

- Quer ensinar porque sabe que a forma como você atua no mercado é diferente?

- Quer ser Autoridade Digital no seu mercado porque entende que seus valores precisam ser cultivados por mais pessoas?

Lembre-se do comportamento de tribos, de que as pessoas tendem a se engajar com outras com interesses similares. Isso vale para o bem ou para o mal — veja a polarização política no Brasil e no mundo e saberá do que estou falando.

Essa é a realidade humana, por isso é essencial que você afine o discurso do seu propósito com o comportamento das pessoas que são parecidas com você.

Fator 5: consistência

Entre no meu Instagram agora e você verá que eu publico de domingo a domingo. Não estranhe o domingo, pelo contrário, acostume-se! Domingo é um dos dias que os conteúdos mais bombam nas redes sociais, pois tem mais gente conectada zapeando pelos *feeds*!

Consistência é isto: você estar na lembrança do outro porque produz conteúdo relevante continuamente.

Não adianta pensar em ser Autoridade Digital, publicar conteúdo todos os dias durante algumas semanas e achar que isso não é para você. Se achar que esse mundo não é para você, então contrate alguém para fazê-lo no seu lugar!

Contrate uma agência de marketing digital, um freelancer ou capacite alguém que faça estágio na sua própria marca, mas não deixe de ter consistência se desejar ser uma Autoridade Digital.

O tema "Autoridade Digital", em si, está cada vez mais em alta, então cada vez mais pessoas percebem que um conteúdo estratégico e consistente é importante para estarem presentes diariamente na mente das pessoas.

Ou seja: é mais gente querendo o nobre espaço na mente e no coração da audiência, o que torna o seu mercado cada vez mais competitivo.

Fator 6: resultados

Muito mais do que um jogo de aparência, ser Autoridade Digital é um jogo de resultados. Não é só uma questão de número de seguidores.

Invista em *cases* e depoimentos de pessoas que confiam na sua marca pessoal. Tenha um espaço dedicado no seu site ao que seus clientes falam sobre você e produza conteúdo nas redes sociais valorizando quem o valoriza.

As pessoas gostam de estar perto de pessoas com resultados. A melhor propaganda é a vitória.

E outra coisa: ninguém quer provar um remédio que ninguém provou. Então, se você não mostrar quem aprova o seu trabalho, quem vai desejar conhecer sua marca?

Mostre os bastidores. Inclusive aproveite os bastidores para gerar os depoimentos. Se está atendendo um cliente que está muito satisfeito com o seu trabalho, grave um depoimento na hora, aproveite a euforia de quem está feliz por sua causa! Se a pessoa não se sente confortável com o vídeo, peça autorização para usar um depoimento escrito no seu site, ou peça que o próprio cliente publique uma avaliação positiva na sua página do Facebook e no Google.

Cada depoimento e cada *case* consolidam a sua marca na lembrança das pessoas. A sua Autoridade Digital é construída pelo outro!

DÊ MOTIVOS PARA QUE AS PESSOAS FALEM DE VOCÊ

Webinar, aulas e palestras online gratuitas são formas muito boas de obter resultados. Isso porque você está se posicionando como uma autoridade, oferecendo uma degustação da sua especialidade, dando motivos para que as pessoas falem de você. E ainda por cima pode gerar **vendas em massa** logo em seguida!

Durante o evento gratuito que você realizar, estimule que as pessoas publiquem nos Stories ou no *feed* contando como está sendo experiência. Peça que marquem seu @ e diga que vai republicar, ou então faça um concurso cultural dizendo que vai sortear algo e premiar a melhor foto que for tirada durante o evento, seja online ou presencial.

Todos os Stories e *posts* vão criando os rastros na web.

Olhe aí a matemática de novo: se você tem 200 pessoas acompanhando seu evento, e 20 publicam e o marcam, você será por muito mais do que apenas 200 pessoas. Você vai ser visto por 3 mil, 5 mil, 10 mil pessoas... É o somatório da sua audiência com a das 20 que falaram sobre você.

Lembre-se de que a sua marca é comprada ou contratada não só pela aparência no digital, mas também pelos resultados.

Pense ainda em como a sua marca pode ser tratada em outros momentos.

Por exemplo: se você tem uma loja física, crie um **espaço instagramável** no seu ambiente, pinte uma parede estilosa ou com asas de anjo (as pessoas adoram tirar fotos com asas) e inclua sua marca no contexto.

Fotos e Reels que forem publicados no Instagram, ou vídeos legais que sua audiência publicar no TikTok, vão levar a sua marca e a sua loja física para muitas — muitas! — outras pessoas. Tudo isso sem você pagar um centavo para seus clientes.

Está entendendo? Tudo isso é exponencializar!

COMPARTILHE EM SEUS STORIES

NUNCA FIQUE ESPERANDO CONVITES. FAÇA OS SEUS PRÓPRIOS CONVITES. O MUNDO RESPONDE!

RESUMO: MESMO SEM CONVITE, VÁ BEM BONITO(A) À FESTA!

@TERRADORAFAEL

DEZ ERROS NA CONSTRUÇÃO DA SUA AUTORIDADE DIGITAL (E COMO EVITÁ-LOS)

Tão importante quanto saber o que fazer é saber o que não fazer. Aprender com os erros é a regra do jogo, melhor ainda se for com os erros dos outros, para não fazer igual.

Um erro pode estragar tudo o que vem sendo construído. Veja a seguir os dez erros mais comuns na hora de construir a Autoridade Digital de uma marca pessoal.

1) Design ruim

Eu falei antes sobre o mais importante ser o *storytelling*, as histórias reais bem contadas, mas isso não significa que você não deve cuidar do aspecto visual da marca e das publicações nas redes sociais rotineiramente.

Entenda: tudo bem usar pontualmente um vídeo ou uma foto não tão boa, desde que tenha uma boa história. Isso é muito positivo para o seu engajamento. Mas não caia na armadilha de rotineiramente publicar materiais sem uma boa estética, pois só trará prejuízos para o seu negócio.

Marca tem logotipo, tem cores, tem uma identidade visual. Isso não pode ser esquecido.

Uma boa identidade visual contribui para a percepção das pessoas, para ser uma marca desejada, até mesmo para ter um padrão *premium*, se este for o seu objetivo.

Portanto, assim que possível, invista em uma estratégia de design para criar uma identidade visual e um padrão estético para suas publicações nas redes sociais. Respeite as regras visuais da sua marca, pois assim você facilita que as pessoas passem rapidamente pelo *feed* e já saibam que o *post* é da sua marca.

2) Síndrome do especialista

É um erro achar que só fala com os colegas de profissão. Se o seu público-alvo não for composto de profissionais de alto conhecimento técnico do seu mercado, não faz sentido se posicionar assim.

A síndrome do especialista é muito comum na área do Direito.

Se você é um advogado ou uma advogada tributarista que quer vender seus serviços para empresas, as pessoas que o contratam não entendem nada de Direito Tributário. Logo, produzir conteúdo como se estivesse falando com outros profissionais tributaristas não o vai aproximar do seu público-alvo.

Pense sempre nas dúvidas dos clientes e do público-alvo, por mais básicas que sejam. No caso do Direito Tributário, algo supertrivial como saber qual é o melhor regime tributário para empresas de cada porte pode ser a dúvida que, se for respondida de modo fácil de entender, fará você fechar um novo contrato.

Não se assuste se você já tem um certo prestígio no seu mercado e agora está pensando que perdeu muito tempo por não ser visto como autoridade pelo seu público-alvo. Se aplicar tudo o que estou explicando neste livro, você com certeza vai levar sua Autoridade Digital a um novo nível.

Digo isso porque já trabalhei com muitas pessoas que estavam nessa situação. Uma delas é a Analisa de Medeiros Brum, a maior especialista em endomarketing do Brasil, com vários livros publicados.

Quando ela me procurou para trabalhar a própria Autoridade Digital, as pessoas pesquisavam o nome dela no Google e não encontravam os perfis dela em redes sociais.

Imagine: a maior especialista de endomarketing aparecia pouco no Google e no YouTube, menos ainda quando as pesquisas eram referentes às dúvidas e aos termos relacionados à área.

Como resolvemos isso? Falando sobre coisas básicas.

Por exemplo: o que é endomarketing? Para que serve endomarketing?

As perguntas básicas mais feitas pelas pessoas são chamadas de **topo de funil**. Por que esse nome? Porque é o começo, é a boca do **funil de vendas**.

Se você só falar sobre aspectos aprofundados da sua área, estará lidando com um público muito menor e mais especializado, localizado no fundo do funil. E se o *lead* não for aquecido por meio de conteúdo e relacionamento, quem se encontra no fundo do funil, por padrão, são seus concorrentes.

Ou seja: com a síndrome do especialista, você só atrai concorrentes.

O funil de vendas é como são trabalhadas as estratégias de marketing digital no sentido de entender que é preciso gerar conteúdo para as pessoas (*leads*) conhecerem a sua marca. Após conseguir o *lead* (contato da pessoa, seja e-mail ou WhatsApp), você mantém o relacionamento por meio de conteúdo e ofertas para, então, converter os *leads* em vendas.

Lembra que eu falei sobre realizar eventos gratuitos, como webinários?

Imagine que você rodou anúncios para que as pessoas se inscrevessem. No topo do funil, alcançou 20 mil pessoas. Descendo um pouco no funil, você tem os *leads* gerados, que foram 5 mil inscritos.

Indo adiante no funil, 500 pessoas realmente assistiram ao seu webinário. Dessas 500, dez compraram o seu produto ou contrataram seu serviço após o webinário.

Esse é um fluxo para exemplificar a trajetória do *lead* no funil de vendas.

Quanto mais pessoas você atinge no topo do funil, mais pessoas você converte em vendas no final. E isso você consegue falando dos assuntos mais simples e das dúvidas do seu mercado.

Lembre-se de que é importante dosar. Não deixe de falar com o seu mercado, mas tenha em mente que **90% do conteúdo precisa ser focado no cliente**, em ajudar a resolver os problemas e curar as dores do público-alvo, e apenas 10% para falar com *players* do seu nicho.

Vamos aprofundar bastante o YouTube em um capítulo dedicado a ele, mas já adianto que uma forma de crescer mais rápido por lá é repetir a palavra-chave com alguma frequência. No caso da Analisa, fizemos uma série de vídeos com a palavra "endomarketing".

Veja alguns exemplos:

> Endomarketing: a estratégia de endomarketing dentro das empresas.

> Endomarketing: o trabalho de endomarketing da Happy House nas grandes empresas.

> Endomarketing: a importância de trabalhar a imagem da empresa.

Espero que os exemplos do trabalho feito com a Analisa sirvam para você se inspirar e aplicar à realidade da sua marca!

3) Não investir no Google

Muita gente acha que ser uma Autoridade Digital é bombar no Instagram, Facebook, YouTube... Lembre-se de que quem está no Google já está com uma intenção de compra!

No Google você tem duas alternativas para sua marca ser vista: resultados orgânicos e pagos.

Orgânico é o posicionamento por meio de conteúdo.

Pago é por meio de anúncios via Google Adwords. É nesse contexto que você precisa aproveitar a jornada do cliente para aparecer de modo efetivo e persuasivo (lembre-se das técnicas de copywriting), para converter uma pessoa que já está se informando sobre algo no seu mercado, ou até mesmo sobre o seu próprio produto ou serviço!

Você precisa ter um site para poder se destacar em ambos formatos. É por isso que logo mais você vai ler um capítulo dedicado às estratégias para construir o site da sua marca pessoal, que é a sua casa na web.

4) Medo de entregar o ouro

O medo de entregar o ouro acontece em pessoas que pensam o seguinte:

Não vou falar disso porque senão a pessoa não vai vir me procurar.

Não vou explicar muito porque senão meus concorrentes vão me copiar.

Lembre-se da reciprocidade, de que falei quando explicava como você se diferencia no mercado. Quanto mais valor você gerar gratuitamente para as pessoas, mais elas se sentirão motivadas a retribuir.

Por isso, não tenha medo de entregar o ouro, pois quanto mais informações seu público-alvo tem sobre você, mais você alimenta essa percepção de valor e mais as pessoas vão querer comprar da sua marca.

5) Trabalhar só com fotos no Instagram

O Instagram tem diversos formatos e é uma das principais redes sociais em termos de retenção de pessoas. Ou seja: uma das que mais tem usuários ativos todos os meses.

Segundo dados da Statisa, o Instagram conta com quase 100 milhões de usuários ativos por mês. Já um estudo da Cuponation afirma que o Brasil é o 3º país com mais usuários ativos todos os meses.[1]

---

[1] Fonte: https://www.shopify.com.br/blog/estatisticas-instagram

Retenção é o jogo de atenção. E a atenção, como você pode perceber, está principalmente no Instagram.

É um grande erro trabalhar só com fotos sem conteúdo ou fotos com conteúdo apenas na legenda. Sua audiência não o segue apenas para ver sua aparência, o que você veste, o que consome... Quanto mais conteúdo você gera, mais engajamento você recebe.

E nesse contexto o Instagram considera a métrica de **salvamentos** como a mais importante. Você só consegue motivar as pessoas a salvarem seus *posts* se trouxer conteúdos úteis que gerem valor a ponto de elas quererem consultá-los sempre que desejarem!

Conteúdo em lista e em carrossel é uma ótima pedida para obter salvamentos, pois as pessoas salvam tanto porque querem consultar no futuro, porque acharam útil, como também porque acharam extenso para consumir no momento e vão olhar com atenção mais tarde. O passo a passo de como fazer algo é excelente para aproveitar o formato em carrossel!

Ah, Rafael, mas eu trabalho com moda, como não vou usar fotos?

O ponto é que você precisa **unir foto com conteúdo**. Mostre as roupas com dicas para compor o *look*. Ou um *look* completo com dicas complementares. Assim você vai ter muito mais engajamento do que só trazendo a foto do *look*.

6) Não investir em depoimentos

Você precisa fazer com que mais pessoas tenham vontade de escutá-lo, de acompanhá-lo e, principalmente, de comprar o que você oferece ao mundo. Essa vontade vem pelo que o outro fala da sua marca.

7) Não investir em vídeo

O vídeo tem o poder de **humanizar a marca** e de fazer as pessoas gostarem de você mais facilmente.

Vídeos mostram como você realmente é, como fala, como se comporta. Então, é mais fácil de mostrar a sua autenticidade, que é o que o torna uma pessoa única.

Com foto você consegue pegar seu melhor ângulo, compor cenário, usar filtros, trazer frases de impacto. Não tem nada de errado nisso, pelo contrário, é muito importante para construir a sua Autoridade Digital. Mas o vídeo dá um grau de intimidade muito maior com o público.

Se você parar e ver as maiores autoridades de cada mercado, vai perceber que todo mundo faz conteúdo em vídeo.

É importante ter em mente que os vídeos que você publica no Instagram e no TikTok são diferentes do que você vai publicar no YouTube, no seu site e no LinkedIn, por exemplo.

No YouTube, as pessoas já estão acostumadas a assistir a vídeos com áudio. A razão é simples: quem entra no YouTube **escolhe** o que vai consumir.

No Instagram, não é sempre que as pessoas vão pesquisar por uma conta na busca para ir direto ao perfil e assistir aos vídeos e Reels. Ainda, se não tiver um título chamativo no Instagram, elas não vão dar atenção sem saber de cara sobre o que se trata.

Já o TikTok, embora seja 100% vídeos, repare que os virais sempre costumam trazer legendas ou textos em elementos gráficos para o caso de a pessoa assistir sem áudio. (Continue a leitura para, daqui a pouco, chegar ao capítulo dedicado ao TikTok.)

Por que é comum o consumo sem áudio no Instagram e no TikTok?

Porque muitas vezes as pessoas estão em trânsito, no trabalho ou em alguma situação em que não podem deixar o volume alto e estão sem fones de ouvido. Isso acontece porque as pessoas não deixam de zapear o *feed* mesmo nessas situações, pois sabem que os criadores de conteúdo mais influentes legendam seus vídeos para facilitar o consumo.

Então é importante produzir conteúdo em vídeo, mas principalmente entender o formato e o contexto de consumo de cada vídeo, certo?

8) Não estudar o seu público

Não adianta nada falar quem você é, conhecer seu propósito, ter uma boa proposta de valor para gerar à audiência... se você não sabe quem faz parte da audiência!

É um grande erro não conhecer as dúvidas e as dores do público.

Um conteúdo maravilhoso que você pode fazer semanalmente é criar enquetes nas redes sociais, principalmente nos Stories do Instagram. Digo semanalmente porque sua audiência pouco a pouco irá crescer, novas pessoas chegarão ao seu conteúdo tendo novas dúvidas (ou até as mesmas que você já identificou), e isso irá lhe gerar inteligência para produzir novos conteúdos.

Abra a caixa de perguntas nas redes sociais informando que, por ali, você dará consultoria gratuita, convidando as pessoas a deixarem perguntas para você responder a toda audiência, e não de modo privado, somente para quem perguntou.

9) Não usar bem o LinkedIn

Eu falei que o Instagram é a rede social com maior atenção, e o YouTube e o Google são os caminhos por onde as pessoas chegam ao seu conteúdo e com intenção de comprar.

Mas o LinkedIn é a rede onde estão muitas oportunidades pouco aproveitadas. Digo isso porque o alcance orgânico (sem precisar pagar) do LinkedIn ainda é imenso.

Muita gente usa o LinkedIn como um currículo digital — preenche o perfil e nunca mais faz nada por lá. Isso é um grande erro.

No momento em que escrevo este livro, no LinkedIn ainda existe uma coisa chamada **Pirâmide 1/99**.

O que isso significa?

Que a cada pessoa publicando conteúdo, 99 estão lá apenas assistindo. O TikTok organicamente ainda vive essa realidade também. Ou seja: subir na Pirâmide da Autoridade Digital aproveitando a Pirâmide 1/99 do LinkedIn é muito mais fácil!

Você não tem muitos degraus para subir, basta conhecer bem seu público-alvo, as dúvidas das pessoas e produzir conteúdo com consistência. Portanto, LinkedIn é lugar de construir marca e de produzir conteúdo relevante com consistência.

Mais para frente vou falar com mais detalhes sobre o LinkedIn, mas já anote aqui as ideias que você teve ao saber sobre a existência da Pirâmide 1/99 no LinkedIn.

_____

_____

_____

_____

_____

_____

_____

10) Viver de alcance orgânico

Gente, mídia social é mídia. E mídia sempre funcionou melhor como? Pagando!

Lembre-se de que as redes sociais mais populares são gratuitas e também são um negócio. Mark Zuckerberg, dono de Facebook, Instagram e WhatsApp, não tem obrigação nenhuma de promover seu conteúdo gratuitamente.

Em geral, os algoritmos funcionam assim:

- Valorizam publicações e contas que recebem altas taxas de engajamento.

- Avaliam a qualidade do engajamento (por exemplo, salvar no Instagram é mais importante do que curtir).

Mas qualquer mídia social vai funcionar melhor para a sua Autoridade Digital se você produzir conteúdo organicamente e investir em anúncios para complementar sua estratégia.

O melhor dos dois mundos é fazer conteúdo maravilhoso para receber altas taxas de engajamento e investir dinheiro nesses conteúdos para que sejam vistos por mais pessoas. É um ciclo de sucesso!

O bacana dos anúncios digitais é que o preço que se paga não é tabelado como se fosse um veículo tradicional. Somos nós que decidimos quanto queremos pagar em cada anúncio.

Investir R$ 50,00 ou R$ 100,00 por mês para começar a construir sua Autoridade Digital pode ser suficiente para trazer grandes resultados já no início da sua jornada.

Priorize investir nos seus conteúdos que mais tiveram engajamento orgânico e exponencialize sua marca segmentando para o seu público-alvo.

Eu costumo dizer que tempo é só o que a gente tem na vida. Somos frutos do que fazemos com o nosso tempo.

Então imagine que você planejou o conteúdo, fez as artes (ou pagou para alguém fazer), publicou nas redes sociais. Tudo isso para constantemente ser visto por uma parcela pequena (como 2%) da sua base de seguidores.

Confiar somente no engajamento orgânico é desperdiçar tempo e chances de crescer como Autoridade Digital. Então, separe uma graninha todos os meses que caiba no seu orçamento e comece a criar anúncios.

Nesse sentido, você tem duas opções: estudar sobre tráfego pago para fazer por conta própria; ou contratar uma agência especializada para fazer seus investimentos em anúncios.

Saiba que sem anúncios você sempre estará atrás, porque tem muitas marcas trabalhando para aparecer no *feed* das redes sociais, e muita gente já investindo em anúncios.

Finalizo este capítulo com uma frase + uma dica.

A frase é: *quem chega primeiro bebe água limpa.*

A dica é: *sempre aproveite as novas tendências das redes sociais.*

Quando o Instagram lançou o IGTV, a rede social entregou vídeos maiores que um minuto por todo o canto. O mesmo aconteceu com os Reels, que começaram como vídeos de até 15 segundos e foram aumentando em duração.

Garanto para você que o mesmo vai acontecer com o próximo formato que a empresa do Zuckerberg lançar — ou qualquer outra rede social que lançar algo novo.

Quando uma nova rede social surge, as pessoas se cadastram e começam a consumir conteúdo de quem já está lá. Se a rede social bomba, mais pessoas entram, mas os criadores de conteúdo e as empresas ainda demoram um pouquinho.

Ao perceber o menor sinal de que uma nova rede social pode bombar, dedique um tempo para conhecê-la e comece a produzir conteúdo lá também. Quem fez isso com o TikTok está se dando bem, e no momento em que escrevo este livro, em 2022, a entrega orgânica por lá continua a todo vapor.

COMPARTILHE EM SEUS STORIES

NEGÓCIO É ENGRENAGEM. VOCÊ PERDE, VOCÊ GANHA. MAS O SUCESSO MORA NO APRENDIZADO DA CONTINUIDADE DO SEU PROPÓSITO.

@TERRADORAFAEL

SITE: A CASA DA SUA AUTORIDADE DIGITAL

Agora, vamos a um assunto bem sério, sobre o qual sempre me perguntam: em um mundo digital que com frequência surgem novas redes sociais, é importante ter um site? Sim, muito importante!

O seu site é a sua casa principal. É onde as pessoas o conhecem por completo! Se ele sair do ar, você ou o desenvolvedor responsável pode entrar em contato com o serviço de hospedagem e recolocá-lo no ar.

Agora, se o Facebook, o Instagram, o YouTube, o TikTok ou qualquer outra rede social ficar indisponível, como sua marca será encontrada? Ou pior, e se elas acabarem, assim como Orkut e MySpace deixaram de existir?

É o seu site que engloba:

- Quem é você.

- O que você faz.

- Para quem você faz.

- Onde encontrar você.

É lá que você trabalhará todos os atributos que constroem a sua Autoridade Digital. No seu site também estarão os seus serviços, contatos, sua história e todos os bens que fazem a sua marca ser única. Além disso, ter um site é uma das coisas mais preciosas para o Google o achar.

Sem rodeios, vou lhe mostrar a seguir 12 passos que você deve considerar para criar um site que passe Autoridade Digital. São eles:

1) Escolha do domínio

O domínio do seu site tem que ser focado no seu nome, na tua marca. Seja sempre direto e use o nome pelo qual as pessoas já o conhecem.

Vá a https://registro.br e garanta o seu. Opte sempre por domínios que terminem com "com.br", pois passa mais credibilidade. É superbaratinho, por menos de R$ 50,00 ao ano você consegue comprar.

Olha que curioso: você sabia que eu não sou o único professor chamado Rafael Terra no Brasil?

Existem vários "Rafael Terra" por aí, e um deles é professor de economia. Uma história engraçada é que certa vez ele me mandou uma mensagem no LinkedIn dizendo que eu saí na frente porque registrei o site www.rafaelterra.com.br antes dele.

Então é realmente importante garantir o seu nome na web!

Essa dica vale também para sempre que surgir uma rede social nova.

Quando o TikTok começou a bombar, eu fui lá e já garanti o @terradorafael, mesmo sem na época usá-lo com frequência, para evitar que alguém chegasse antes e levasse essa que é a minha marca registrada em todas as redes sociais.

Voltando ao site: também não se esqueça de garantir o seu "https" antes do domínio, pois isso mostra que o site é seguro, aumentando a confiabilidade e as chances de ter um bom ranqueamento no Google. Isso se chama **Certificado SSL**, e a maioria das empresas sérias de hospedagem de site — como Locaweb, Hostgator e Kinghost — já o adicionou em seu pacote de hospedagem.

2) A plataforma de construção do site

Se você não domina web design, de imediato já lhe recomendo procurar um bom profissional para o ajudar. Não há mérito nenhum em fazer tudo sozinho, e se meter a construir algo que pode ficar com "cara amadora" com certeza não fará bem para sua Autoridade Digital.

Contudo, não é por isso que você não vai saber quais são as melhores plataformas do mercado.

A melhor com certeza é o WordPress, que, além das inúmeras ferramentas, contribui muito para o ranqueamento da sua marca no Google.

Entre as demais plataformas disponíveis, temos o Wix. Confesso que já tive muito preconceito com essa ferramenta, mas hoje ela cumpre muito bem o seu papel e, para quem tem noções de design, é bem intuitiva e fácil de colocar um site no ar de forma rápida. Além disso, o seu processo de otimização nos buscadores tem melhorado bastante.

Tanto o WordPress quanto o Wix são ótimas alternativas, especialmente se você entender um pouco de design, pois ambas plataformas oferecem uma grande variedade de modelos prontos para você criar a sua casa na web, inclusive *templates* gratuitos.

É muito importante, como um próximo passo mais avançado, você casar o seu site com uma ferramenta de inbound marketing. Ou seja: fazer com que seu site gere *leads* e dar a opção de os visitantes assinarem a sua newsletter, por exemplo.

Assim, seu site estará conectado a uma ferramenta de e-mail marketing e facilitará a comunicação com as pessoas que estão interessadas na sua marca. Aliás, existe uma máxima no marketing digital que diz o seguinte:

> SEU FATURAMENTO VAI SER PROPORCIONAL AO SEU NÚMERO DE LEADS.

Ou seja: pensar nisso desde o começo da sua comunicação pode fazer toda a diferença no médio prazo para construir uma marca com autoridade, mas, sobretudo, contribuir para um ótimo faturamento recorrente.

Temos duas boas ferramentas brasileiras que ajudam nesse quesito: a LeadLovers e a RD Station. Já quando o assunto é ferramenta gringa, recomendo a ActiveCampaign, hoje uma das mais robustas do mercado.

3) O título do seu site

Faça o teste: passe o mouse no topo de um site — é ali que está o título. E esse é um dos fatores de início de construção muito importante, pois é um dos primeiros elementos que o Google lê para ranqueá-lo.

Nele, junto com o seu nome, é importante colocar o que você faz. Por exemplo, o título do meu site é *Rafael Terra — Palestrante e Consultor de Marketing Digital e Redes Sociais*.

Se você tiver uma marca que atende a uma região específica, é importante colocá-la no título também.

Digamos que você seja uma dermatologista chamada Carla Martins e atenda em Jaboatão dos Guararapes. Coloque então o título: *Carla Martins — Dermatologista Especializada em Rejuvenescer a Pele em Jaboatão dos Guararapes*.

O ideal é que o título da sua página tenha em torno de 63 caracteres, segundo uma pesquisa da Moz. E sempre iniciar o título com as palavras mais relevantes para o seu negócio.

4) A grande promessa

Costumo dizer que promessas fracas geram vendas fracas. Por outro lado, promessas fortes geram vendas fortes.

Ou seja: quando o *prospect* entra no seu site, ele tem que ler uma frase que traduza a sua promessa de marca já no topo.

Aplique a sua Copymaster e destaque qual a sua entrega para o mundo e o que o possível cliente pode esperar da sua marca.

Já trabalhamos bem isso no capítulo sobre posicionamento, mas para refrescar sua memória, pense em criar uma frase em cima destes três pilares:

1. **O QUE VOCÊ FAZ?** Sua entrega, sua transformação.

2. **PARA QUEM VOCÊ FAZ?** Seu cliente ideal.

3. **COM QUAIS DIFERENCIAIS?** Aquilo que o diferencia da concorrência e o posiciona.

É claro, a tua promessa tem que estar alinhada com a sua real entrega. Do contrário, gerará frustração.

5) Imagem é tudo

Somos seres visuais, e as imagens têm um poder imenso de transmitir autoridade. Em vez de colocar simplesmente uma foto em que você se "ache bonito", escolha uma imagem ou várias que tragam elementos de autoridade.

Veja esta imagem, por exemplo, que uso nos sites em que vendo meus cursos:

Note o seguinte:

- Em vez de colocar apenas uma imagem, trabalhei várias imagens que trazem elementos de autoridade.

- Trago uma legenda entre as fotos, que ajuda a reforçar a autoridade e trazer bens da minha marca que talvez muitos visitantes não conheçam.

- Coloquei uma foto palestrando no RD Summit, o maior evento de marketing e vendas da América Latina. Isso mostra que sou contratado para os maiores eventos da minha área. O mesmo fiz com a foto do Gramado Summit, outro grande evento de inovação onde estive no palco principal.

- Também trouxe uma foto com o meu livro de *Instagram Marketing*, o que valida aquilo que eu ensino.

- Outra foto que trouxe foi uma participação na Locaweb Conference, a qual mostra que marcas renomadas do mercado digital confiam no meu trabalho.

Portanto, pense cada detalhe com estratégia. Nada pode ser em vão. Tudo precisa ter uma utilidade para fortalecer sua Autoridade Digital!

6) A chamada para ação

Na primeira dobra da página já é preciso ter um CTA, o famoso *call to action*. Ou seja: um botão para a pessoa ser direcionada para um canal em que possa comprar seu serviço.

Pode ser um link para o WhatsApp, no caso de ser um agendamento de consulta ou ainda para direcionar o usuário à compra de um infoproduto. Perceba que é preciso já ter um objetivo de venda de início. E o principal: com canais de atendimento visíveis para o contato.

7) Sua lista de diferenciais

Em vez de trazer um textão que ninguém vai ler, traga a sua lista de diferenciais em formato de lista ou infográfico. Isso facilita e traz o que chamamos de **leitura escaneada**, aquela em que enxergamos e damos mais atenção aos elementos que realmente importam.

Veja um exemplo:

20	**1º**	**+350**	**MBA**
20 anos no Mercado Digital	Escritor do primeiro livro de Instagram Marketing do Brasil	Palestras em 18 Estados. Entre elas 2 vezes no palco principal do RD Summit	Professor de MBA de Marketing Digital nas principais instituições do Brasil, entre elas ESPM, PUC e USP
+500	**+50**	**+300**	**CRIADOR**
clientes de consultoria e gestão de projetos digitais (Bradesco, Braskem, Unimed, Redbull)	mil alunos entre online e off-line	citações na mídia como referência em Marketing Digital (G1, Portal Terra, Zero Hora)	da Maratona Digital, o evento mais completo de Marketing Digital, Redes Sociais e Vendas do RS

8) Os seus serviços

É hora de vender. Cada serviço que você presta deve estar em uma nova página.

Indico também que você grave um vídeo para cada serviço, pois isso vai humanizar o seu site e já criar vínculo com o seu futuro cliente. Agora, na *homepage* (página principal do site), é preciso incluir três blocos com o nome do serviço e a solução que traz.

Por exemplo, na capa do meu site dou protagonismo aos serviços de: Consultoria — Palestras — Cursos Online.

Ao clicar em cada um, o leitor é direcionado à página específica, na qual terá informações completas e poderá efetivar a contratação.

9) Depoimentos

Logo após expor as soluções, é preciso trazer depoimentos de pessoas que já tiveram resultados com o que você oferece ao mundo.

Recomendo que você traga, a cada depoimento, a foto do seu cliente e o cargo da pessoa. **Inclua no mínimo seis depoimentos**.

Acredito, aqui, mais em imagens que vídeos, pois é preciso rapidez na leitura para passar uma autoridade mais eficaz. Também atente-se para realmente trazer um depoimento que mostre o antes e o depois da buyer persona. Ou seja: os resultados que ela realmente teve com a tua solução. Por exemplo, um depoimento relatando que "depois do curso x lucrei dez vezes mais" é bem mais forte que apenas "o curso é ótimo".

Se você quer dar um passo adiante, traga depoimentos também de pessoas reconhecidas do seu mercado, pois isso mostra que a sua marca realmente é sólida e que seus pares também o admiram.

Veja como eu trabalhei os depoimentos no site desta imersão presencial:

**A PRIMEIRA EDIÇÃO DO EVENTO TEVE 100% DE APROVAÇÃO DOS ALUNOS.
VEJA ALGUNS DEPOIMENTOS:**

Raquel Trevisan, Gerente de Marketing da Imóveis Credito Real

"Foram três dias de reciclagem para mim. Rever o que já sabia e aprender muitas coisas novas. Sim, porque no digital tudo muda a toda hora. Mas o Rafael sempre ligado no que está acontecendo e passa tudo em dicas super práticas!"

Airton Mietlicki, Empresario no setor de varejo de móveis

"O treinamento trouxe, além de um conteúdo claro e objetivo sobre as ferramentas do digital, estratégias que pude implementar de forma imediata na minha empresa para vender mais!"

Helena Barros, Estrategista de Marketing Digital

"Vim de São Paulo para a imersão e foi ótima a experiência, curso claro e objetivo, Rafael Terra com grande domínio do tema e excelente didática. Já ansiosa pelo próximo evento."

Jackson Gomes Pereira, Analista de Marketing Sênior na Cresol

"Viemos do Paraná para a imersão e foi uma experiência incrível. Ele trouxe um conteúdo bastante abrangente, mostrando a grande variedade de oportunidades e de ferramentas existentes para quem trabalha ou quer potencializar resultados com Marketing Digital."

@terradorafael

O QUE O MERCADO FALA SOBRE MEU TRABALHO

Martha Gabriel
Considerada um dos principais pensadores digitais da América Latina

"Nós nos conhecemos há quase dez anos e, desde então, a minha admiração por ele só aumenta. A sua competência e a sua excelência em tudo o que faz são apenas algumas das suas inúmeras qualidades. No entanto, suas marcas que mais me encantam são a generosidade e o comprometimento, características vitais para quem trabalha com redes sociais."

Arthur Bender
Um dos maiores especialistas em estratégias de marcas no Brasil

"O Rafael Terra é especialista em comunicação e vendas no digital porque é um dos maiores conhecedores de tendências no universo dos negócios nas redes sociais no Brasil."

André Siqueira
Co-fundador da Resultados Digitais, a maior empresa de marketing digital da América Latina

"A barra para palestrar nos eventos da RD é sempre extremamente alta e buscamos os melhores. O Rafael não só foi escolhido para diversas edições como teve excelentes avaliações do público. Recomendo!"

Denis Levati
Curador do Conecta Imobi, o maior evento do mercado imobiliário da América Latina

"O conteúdo do Rafael Terra foi um dos que mais impactou o público do Conecta Imobi Cruzeiro. Original e direto ao ponto, ele marca o público deixando-o transformado ao final de cada fala."

Fotos de pessoas felizes usando o seu produto ou serviço também geram uma boa autoridade.

10) Destaque algum serviço ou conteúdo de rede social

Se o visitante do seu site já chegou até ele é porque está bastante engajado com a sua marca. Ou seja: você tem a oportunidade de vender algo para ele ou engajá-lo mais ainda.

Faça uma oferta de algum serviço usando um gatilho de urgência, por exemplo. Ou, se preferir, envie-o para seu canal do YouTube ou a algum lugar para tenha ainda mais acesso ao seu conteúdo.

Aqui também cabe uma "área de cadastramento" para aceitar receber sua newsletter, por exemplo.

11) Feche com contatos e mais provas sociais

Eu gosto muito de colocar mais provas sociais no fechamento do site (o rodapé). Recomendo que você coloque matérias na mídia sobre o seu trabalho ou logos de marcas que já atendeu. Usar logos de empresas bem-sucedidas alia a reputação delas com a sua.

Caso ainda não tenha os bens já citados, uma boa opção é trazer certificações que você conquistou. Isso passa uma credibilidade muito grande. Também traga novamente todos os teus contatos e links para redes sociais.

Veja como eu faço:

12) Hora da divulgação

Site no ar: hora de divulgar!

Inclua o seu site em todas as suas redes sociais, mande um e-mail marketing avisando os clientes e faça um anúncio pago em cima dos seus clientes mais engajados no Instagram.

Também tenha como objetivo realizar campanhas ativas mensais para levar novas pessoas a conhecer seus serviços. Isso colocará o seu negócio na roda da prosperidade!

DICA EXTRA

Lembre-se: um site é como uma loja em um bairro distante em que não há muito tráfego de pessoas. No próximo capítulo, vou ensinar estratégias de SEO, mas tenha em mente que mesmo um site bem otimizado, se estiver sozinho, não fará milagres.

Você precisa ter uma estratégia para que as pessoas acessem a sua casa na web, vejam a sua autoridade e tenham desejo pelos seus serviços. Ou seja: dê motivos para as pessoas o acessarem.

E um bom motivo é cogitar ter um blog, no qual você traga as últimas notícias e análises da sua área, por exemplo. Também tenha campanhas de remarketing sempre ativas — aqueles anúncios que nos perseguem nas redes sociais, sabe?

Afinal, se a pessoa entrou no site, ela tem interesse. Por esse motivo, você tem que fazê-la passar a ter contato com frequência com a sua marca, para que em algum momento ocorra a compra do seu serviço!

COMPARTILHE EM SEUS STORIES

NÃO DIGA NADA ONLINE QUE NÃO FOSSE COLOCAR EM UM ENORME OUTDOOR COM A FOTO DO SEU ROSTO ILUSTRANDO.

@TERRADORAFAEL

A IMPORTÂNCIA DO GOOGLE PARA SUA AUTORIDADE DIGITAL

Quando você não conhece um produto ou quer saber mais sobre uma marca que presta serviços, o que você faz? Dá um Google. É por causa desse comportamento que estar ranqueado no Google significa ser visto pelas pessoas que querem saber mais sobre você ou buscam uma solução no seu mercado.

Estar presente seguindo as estratégias deste livro vai fazer com que você transmita confiança desde o primeiro contato que o público tiver com a sua marca via Google.

Como o Google funciona para escolher quem aparece na primeira página e quem fica para trás?

Primeiro é importante relembrar que existem duas formas de aparecer no Google:

- Trabalhando o Search Engine Optimization (SEO) para o seu conteúdo aparecer no topo de modo orgânico.

- Ou então investindo em Google Ads, os anúncios do Google, para aparecer entre os resultados da primeira página.

Mas olhe a boa notícia: 70% dos cliques acontecem nos resultados orgânicos do Google, os que são conteúdo, e não publicidade. Como você já percebeu até aqui, nós, seres humanos, temos a tendência de acreditar mais em conteúdo do que em publicidade.

Também é importante reforçar que 83% da nossa percepção é visual. Então se a marca está bem ranqueada também com vídeos do YouTube no Google Imagens, a tendência de receber cliques é maior.

Leia atentamente essas duas estratégias eficientes para conquistar a atenção das pessoas organicamente.

ESTAR NO YOUTUBE É ESTAR NO GOOGLE

A primeira é justamente produzir conteúdo no YouTube, que é uma rede social do Google e por isso é entregue em uma posição destacada na busca. Faça vídeos se apresentando e falando sobre seus serviços e o seu mercado.

Olhe que legal: a pessoa procura pelo seu nome e encontra um vídeo seu falando quem você é e qual solução você agrega para a vida dos clientes. Não é incrível? Isso vai criar uma percepção de valor no seu *prospect*, que pode ser determinante para fortalecer o relacionamento ou fechar o negócio na primeira oportunidade.

Faça um teste para comprovar: pesquise no Google o meu nome, Rafael Terra, e veja os resultados da primeira página.

Você vai ver que o Google entrega os resultados que eu mais quero que você veja: minhas redes sociais, meus vídeos no YouTube, minhas imagens na mídia e em palestras, meu site, meus cursos...

Então é muito importante você fazer um vídeo se apresentando e, principalmente, falando sobre seus serviços. Reforço: os usuários procuram o nome de uma pessoa ou marca, ou então por um produto/serviço e onde encontram o que estão buscando.

Exemplos: "Nutricionista em Porto Alegre", "Arquiteto em São Paulo", "Consultor de Marketing no Rio de Janeiro".

FLICKR + GOOGLE IMAGENS

Você percebeu que eu falei em vídeos e imagens? Pois é, as imagens são muito importantes também no Google, e você pode usar uma rede social pouco falada, mas bem eficiente, que é o Flickr.

Você pode criar uma conta no Flickr para subir fotos do seu escritório, de eventos que você palestrou, de clientes sendo atendidos, enfim, tudo o que estiver de acordo com o seu objetivo de se tornar uma Autoridade Digital.

Recomendo muito que você crie galerias no Flickr para ajudar a ser visto no Google de modo orgânico.

COMO SEU SITE PODE APARECER NA PRIMEIRA PÁGINA DO GOOGLE

Deixe-me falar mais um pouco sobre SEO. Você certamente já ouviu a frase "Diga-me com quem andas e te direi quem és". O Google leva isso a sério para o posicionar bem na primeira página.

É muito importante fazer o seu site circular. Existem três formas simples de fazer isso.

1. Coloque o seu site na bio do seu Instagram, no seu perfil do LinkedIn e em todas as áreas de "Sobre" em cada rede social nas quais estiver. O Google perceberá que o seu site tem um ecossistema em torno dele.

2. Seja falado na mídia de modo que seu site seja referenciado por grandes veículos. Quando portais e canais de mídia tradicionais falam sobre ele e linkam o seu site, o Google percebe a sua casa na web circulando e sendo bem falada. Não se preocupe, pois logo mais vou detalhar estratégias para você ser visto pela imprensa tradicional!

3. Use o www.dino.com.br. É um serviço pago e muito eficiente, pois ele publica a sua notícia em grandes portais como Terra, Estadão, Exame e muitos outros. Vale separar uma graninha para colocar em prática sua estratégia de Google! Mas para ficar claro: não dispense contratar uma boa assessoria de imprensa para te ajudar na divulgação na mídia. Ferramentas como Dino devem ser usadas pontualmente visando SEO.

Por que é tão importante ser falado por veículos da mídia tradicional?

Veja que o próprio Google tem uma aba só para notícias no buscador. Atualmente existem as seguintes abas: Todas, Notícias, Imagens, Vídeos, Shopping, Maps, Livros, Voos e Finanças.

Olha a importância das notícias! É uma das seções com mais destaque na própria interface do Google. Se você tem vídeos no YouTube, você aparece (também) na aba vídeos. Se sites da imprensa falam sobre sua marca, você aparece (também) na parte de notícias.

Vai dizer que não tem um impacto muito positivo se um *prospect* pesquisa sobre você e percebe que a mídia tradicional já falou bem da sua marca? Esses rastros na web fortalecem muito a sua Autoridade Digital.

O Google também reforça a importância de estar presente em várias redes sociais, mesmo que você não produza conteúdo diariamente. É o caso de ter contas no Pinterest e no LinkedIn, por exemplo.

O Pinterest é uma rede social mais de nicho, por ser baseada em imagens e vídeos, muito usada por pessoas que buscam referências visuais criativas. Acontece que o Pinterest indexa muito bem no Google. O título das pastas (Boards) que você cria no Pinterest e as imagens nelas são mostrados na busca do Google.

Pense nos nomes dos Boards com estratégia. Exemplos práticos no ramo da arquitetura são:

- Arquiteto em São Paulo.

- Projetos arquitetônicos em Minas Gerais.

- Ambientes planejados Porto Alegre.

- Móveis planejados Rio de Janeiro.

Pense em como *palavras-chave do seu mercado + as cidades onde você atua* podem ser usadas no Pinterest para otimizar sua presença orgânica no Google.

Outro ponto essencial para otimizar o seu ranqueamento no Google é que seu site tenha um blog: www.nomedoseusite.com.br/blog.

Não crie um blog separado do seu site, pois ambas plataformas irão competir pelo ranqueamento. O mesmo site precisa mostrar ao Google que é relevante e referenciado em outros sites e portais da mídia.

Mas vou lhe falar uma coisa: o Google é um pouco preguiçoso. Não que não dê uma trabalheira danada manter toda a estrutura e os recursos que a empresa oferece todos os dias para o mundo todo. O que eu quero dizer é que o Google otimiza também a "leitura" que ele faz da sua presença digital para entregar os resultados na busca.

Por isso é muito importante você trabalhar bem o título e a metadescrição do seu site e de todos os *posts* de blog, pois o Google foca as primeiras 250 palavras de cada página para decidir se exibirá na primeira página de resultados ou não.

E digo mais: faça vários conteúdos com as principais palavras-chave do seu negócio para ter mais chances de ser visto na primeira página.

Seguindo no exemplo de arquitetura, se você faz projetos comerciais na sua cidade, você precisa ter no título e na metadescrição do seu site e de alguns *posts* de blog as palavras-chave *arquitetura comercial em (nome da sua cidade)*.

Quem faz todo esse trabalho de seleção é o algoritmo do Google, chamado **Google Crawler**, popularmente conhecido como *Robot*, *robozinho do Google* ou *Spider*. O algoritmo valoriza muito as palavras-chave, como falei, mas também conteúdo multimídia em cada página usando as mesmas palavras-chave.

Sim, o Google lê as imagens, inclusive o nome do arquivo. Por isso, jamais salve as imagens com qualquer nome ou números aleatórios.

Então o Google vai ver o usuário pesquisar *Arquitetura Comercial em Porto Alegre* e analisar vários sites concorrendo pelos espaços mais nobres da primeira página. Se a sua página tiver vários recursos contendo essa palavra-chave, as chances serão maiores de você figurar no topo.

Lembre-se de que o Google tem a regra do Top 10: 90% dos cliques vão para os dez primeiros resultados da busca. Então a meta é estar nos dez primeiros lugares da primeira página. Senão você disputará 10% da atenção na segunda página ou ainda mais atrás, o que é pouquíssimo para quem quer ser uma Autoridade Digital.

Se você tem escritório ou sede física, é muito importante cadastrar sua marca no **Google Meu Negócio** (Google Business). Nele, você consegue cadastrar as informações da sua marca, como endereço, telefone, site, fotos, além de poder receber avaliações e comentários diretamente no Google. Pouca gente fala disso, mas é um grande diferencial.

Sabe quando você pesquisa e aparece um mapinha, fotos, avaliações e comentários logo no topo da página? O Google alavanca os resultados que têm mais comentários. Então este é mais um exemplo prático da importância dos feedbacks que você recebe da audiência.

Quando seu público-alvo pesquisar por algo genérico relacionado ao seu mercado na sua cidade, se tiver boas avaliações e comentários em grande número, você poderá ocupar esse espaço superdestacado na busca.

Todo viral começa em casa, então peça para familiares, amigos e clientes fiéis comentarem no Google para a ajudar a sua marca a iniciar o posicionamento em grande estilo. Isso sem contar que o comentário do outro gera autoridade, como já falamos.

Não canso de repetir: nós somos o que o outro fala sobre nós quando saímos da sala.

Tudo no Google é com base em palavras-chave. Estas são quatro que você precisa trabalhar:

Então, em uma página do seu site com o título *Arquitetura Comercial em Porto Alegre*, você deve colocar um vídeo com título contendo *Arquitetura Comercial em Porto Alegre* e imagens com o texto alternativo (também chamado de *atributo alt*) com *Arquitetura Comercial em Porto Alegre* e nomeadas como *arquitetura-comercial-em-porto-alegre.jpg*.

1. **Nome da sua marca.**

2. **O que você vende + onde você vende**. Eu friso isso porque é muito difícil otimizar a presença em palavras amplas (nutricionista, arquiteto, consultor, médico, advogado).

   Agora, se você for uma nutricionista em Porto Alegre, seu espectro de concorrentes se reduz. E se aplica as melhores práticas de SEO, você se destaca na busca nichada que seu possível cliente acaba de fazer.

3. **Pesquisas relacionadas ao seu mercado.** Conheça os termos mais buscados usando o Google Trends, Answer The Public e Ubersuggest. Essas três ferramentas mostram como as pessoas estão pesquisando sobre o seu nicho e palavras-chave relacionadas.

4. **Tendências do seu mercado.** No Google, quem ri primeiro ri melhor. Ou seja: quem produz conteúdo primeiro sobre um assunto se destaca.

É POSSÍVEL SER DESTAQUE NO GOOGLE DE IMEDIATO?

Dependendo do nicho, impossível não é. Mas em geral, tudo o que eu falei leva tempo, pois é uma estratégia de longo prazo. Quando você conquista esses nobres espaços, sua marca também fica presente no longo prazo.

Tudo o que vimos de Google até aqui é conteúdo gratuito, orgânico. Agora vamos falar sobre anúncios, o Google Ads.

No Google Ads, a presença em destaque é **instantânea**, pois acontece mediante pagamento. O próprio Google tem cursos gratuitos que abordam suas ferramentas, mas existem vários cursos pagos no mercado que são muito bons para qualificar você a investir por conta própria.

Ou então sempre existe a opção de contratar uma agência especializada em Tráfego Pago.

Fato é: quem não está no Google não existe.

Por que o capítulo do Google vem antes das redes sociais? Porque no Google a pessoa já está com a intenção de compra. E de quem ela vai comprar? Da marca que estiver bem posicionada no Google transmitindo confiança por ser uma Autoridade Digital.

COMPARTILHE EM SEUS STORIES

NÃO EXISTE MAIS ONLINE E OFFLINE. TUDO É UMA COISA SÓ. TUDO SÃO PERCEPÇÕES DO QUE EU CONSIGO SER NO OLHAR DO OUTRO!

@TERRADORAFAEL

POSICIONANDO SUA MARCA PESSOAL NO LINKEDIN

Capítulo de extrema importância para profissionais. Já adianto: vou voltar a falar sobre consistência.

Quer consistência maior do que o próprio LinkedIn, que foi criado em 2003, antes mesmo do Facebook, que foi lançado em 2004?

Pois é, isso mostra que o LinkedIn se renovou muito ao longo da história, especialmente depois de ser comprado pela Microsoft, em 2016.

Para você ter uma noção, nas minhas pesquisas de fim de ano sobre tendências do ano seguinte, eu sempre trago *insights* sobre o LinkedIn, pois essa rede social **ainda não ficou saturada** e, ao mesmo tempo, os profissionais ainda não conseguem extrair o máximo de valor da plataforma.

A maioria dos profissionais ainda acha que o LinkedIn só serve como um currículo online. Não!

O LinkedIn é uma das melhores ferramentas de prospecção e relacionamento que existem. É uma rede focada em geração de valor, tanto para o seu mercado, como para você mesmo.

Gerar valor para o teu mercado é:

- Compartilhar e opinar sobre tendências.
- Escrever artigos que ensinem algo de valor para o seu público-alvo.
- Fazer análises do mercado.

Gerar valor para si mesmo é:

- Compartilhar suas conquistas.

- Vender seu produto ou serviço.

- Convidar pessoas para palestras e eventos, pagos ou não, dos quais você vá participar.

- Contar sobre cursos e parcerias que você fez.

O alcance orgânico no LinkedIn continua ótimo, o que potencializa suas oportunidades de negócios. Seu conteúdo atualmente tem boas chances de ser visto por 60% da sua base de seguidores (chamados de conexões) ao natural.

Isso sem falar que qualquer interação nas publicações tem um peso muito grande por lá — quase se assemelha ao compartilhamento no Facebook e ao enviar para os Stories no Instagram.

Se você criar a sua estratégia de conteúdo consistente com base no que escrevo neste livro, pode confiar que o LinkedIn é a rede social que vai lhe permitir crescer mais rápido, de modo mais assertivo, entre todas as mais populares atualmente.

A seguir trago dicas práticas para você se posicionar no LinkedIn como a Autoridade Digital que deseja ser percebida, além, é claro, de gerar receita para a sua marca pessoal.

1. Aplique a sua Copymaster à sua foto de capa do LinkedIn.

2. Use o campo título de forma estratégica. O título é o texto que vai logo abaixo do seu nome, tanto no perfil quanto no *feed* de publicações. Liste seus distintivos nesse campo.

O que são distintivos? São as suas maiores conquistas e seus maiores diferenciais.

Prêmios que você ganhou, conquistas acadêmicas, grandes marcas com as quais você já trabalhou, números que representem excelentes resultados que você obteve na carreira

— inclusive o número de clientes que você já atendeu ao longo da sua história.

Pensa comigo: uma coisa é ser nutricionista, outra coisa é ser uma nutricionista que diz que já teve mais de 500 pacientes atendidas e satisfeitas com o seu trabalho. Está entendendo? A questão numérica cria uma autoridade na mente das pessoas.

Lembre-se de que a mente humana é guiada por segurança, então a confiança é maior no profissional que consegue comprovar que possui clientes ou pacientes satisfeitos com o seu trabalho. Obviamente, você só vai usar resultados numéricos de forma idônea, ou seja, se você realmente já atendeu 500 pacientes.

Conquistas e diferenciais são atemporais. Não importa se você ganhou um prêmio incrível em 2010, ele precisa ser contado ao mundo para o distinguir dos demais na sua área de atuação. Por isso se chama distintivo.

Eu tenho um amigo que é fotógrafo e ganhou um prêmio do Instagram. Quando eu estava trabalhando a presença dele no LinkedIn, ele me disse: *Mas, Rafa, já faz cinco anos que eu ganhei esse prêmio.*

Não importa. É fundamental contar que você ganhou esse prêmio.

Informe seu distintivo com o ano em que ocorreu. Você vai perceber que vários LinkedIn Top Voices (influenciadores reconhecidos pelo LinkedIn) usam esse distintivo com o ano entre parênteses. Isso porque novos Top Voices são reconhecidos de tempos em tempos, mas a premiação anterior jamais será invalidada.

Por isso, foque os elementos que você já conquistou e que vão trazer mais autoridade para a sua marca pessoal.

AUTORIDADE DIGITAL

Dá uma olhada neste exemplo que a Martha Gabriel trouxe em um *post* que ela fez no LinkedIn. Eu adorei a comparação!

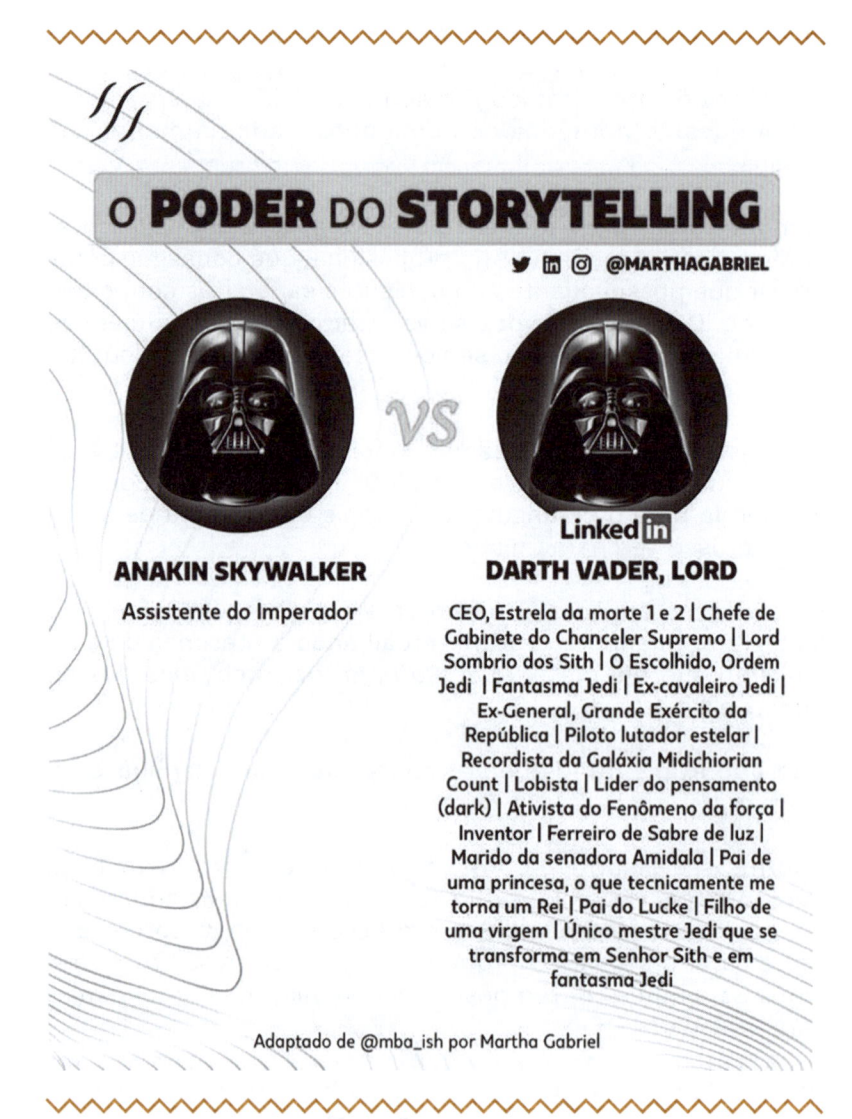

O PODER DO STORYTELLING

@MARTHAGABRIEL

ANAKIN SKYWALKER
Assistente do Imperador

DARTH VADER, LORD
CEO, Estrela da morte 1 e 2 | Chefe de Gabinete do Chanceler Supremo | Lord Sombrio dos Sith | O Escolhido, Ordem Jedi | Fantasma Jedi | Ex-cavaleiro Jedi | Ex-General, Grande Exército da República | Piloto lutador estelar | Recordista da Galáxia Midichiorian Count | Lobista | Líder do pensamento (dark) | Ativista do Fenômeno da força | Inventor | Ferreiro de Sabre de luz | Marido da senadora Amidala | Pai de uma princesa, o que tecnicamente me torna um Rei | Pai do Lucke | Filho de uma virgem | Único mestre Jedi que se transforma em Senhor Sith e em fantasma Jedi

Adaptado de @mba_ish por Martha Gabriel

Coloque seus distintivos em lista para facilitar que as pessoas assimilem as informações rapidamente, dando o foco ao que realmente importa para você.

Evite usar frases no seu campo de título. Tem gente que usa frases como *ajudo empresas a fazer tal coisa e obter tal resultado*. Nada contra, mas por experiência própria percebo que é mais efetivo listar distintivos e o que você faz, pois as pessoas buscam por palavras-chave para encontrar profissionais.

Por exemplo: se eu preciso de um profissional de arquitetura, eu busco por arquiteta ou arquiteto, não por uma *pessoa que ajuda a construir lares ou ambientes comerciais*. Está entendendo?

Não tem problema trazer uma frase de impacto no LinkedIn, mas use outros lugares para isso, como a sua foto de capa (com a Copymaster) ou a descrição do perfil.

Mas como eu falei antes, não basta arrumar o seu perfil e deixá-lo estático, como se fosse um currículo digital. É preciso produzir conteúdo com consistência para estar na lembrança do outro. Se você postar uma vez por mês, você será lembrado pelo outro apenas uma vez por mês.

Agora, como o LinkedIn continua sendo uma rede social mais qualitativa e com boas taxas de alcance orgânico, você não precisa necessariamente produzir conteúdo todos os dias por lá.

Três *posts* por semana pode ser ótimo, pois a vida das publicações continua sendo mais longa do que na maioria das redes sociais. Divida a sua linha editorial no LinkedIn entre *posts* que agreguem algo para o mercado e que agreguem para você.

O QUE OS TOP VOICES TÊM EM COMUM

O LinkedIn é uma das poucas redes sociais que escolhe seus influenciadores. Os Top Voices são nomeados desde 2016, e mais recentemente a rede social criou o programa LinkedIn Creators. Ambos distintivos são muito valiosos para construir a sua Autoridade Digital.

No meu estudo de tendências, que faço no fim de cada ano, eu sempre analiso o que cada novo LinkedIn Top Voice fez durante o ano e já percebi que todos têm duas coisas em comum:

1. São pessoas autênticas que contam histórias relacionadas ao seu nicho, fazem críticas construtivas sobre o mercado em que atuam, estão sempre compartilhando sua visão pessoal sobre o mercado.

2. Publicam com consistência. Nem todos publicam diariamente, mas todos estão presentes várias vezes ao longo da semana, inclusive interagindo em comentários e em *posts* de outras pessoas.

Embora não se aplique a 100% dos Top Voices, muitos deles publicam artigos. Você pode transformar o seu LinkedIn no seu próprio blog.

Se tem um blog no seu site, publique também o artigo de forma nativa no LinkedIn, referenciando ao final o link da publicação original — isso é ótimo para o SEO. Os artigos do LinkedIn também ranqueiam no Google, o que pode otimizar ainda mais a sua presença.

Lembre-se: o mesmo conteúdo em plataformas diferentes impacta pessoas diferentes.

AS PALAVRAS-CHAVE TAMBÉM SÃO IMPORTANTES NO LINKEDIN

Na descrição do seu perfil, não foque a tua profissão se não fizer sentido para os seus objetivos. Descreva-se como você quer ser encontrado pelas pessoas.

Por exemplo, eu sou jornalista por formação, mas não me descrevo assim no meu perfil do LinkedIn, pois não trabalho mais diretamente com jornalismo. Eu informo que sou palestrante, professor, consultor de marketing digital e de redes sociais, porque é assim que eu atuo e como quero ser encontrado por clientes e alunos. É a mesma lógica das palavras-chave aplicadas no SEO, de que falamos antes.

Ao construir seu perfil, sempre que possível use recursos multimídia. Tem dois formatos que a rede social valoriza muito: PDF e vídeo.

Subir um PDF no LinkedIn, tanto no perfil quanto ao fazer uma publicação, fica superbonito e interativo, pois é exibido como carrossel. Sem contar que PDF é um material muito rico, e pode ser uma pesquisa que você fez, infográficos, conteúdo em lista etc.

Ao fazer publicações com vídeo, suba direto no LinkedIn em vez de colar o link do YouTube. O alcance tende a ser maior, pois mantém o usuário na rede social.

BUSCA POR CLIENTES DE MODO ESTRATÉGICO (SEM FAZER *SPAM*)

Aqui mora a chave para você conseguir clientes no LinkedIn.

Depois de ajeitar tudo e começar a produzir conteúdo, comece a adicionar pessoas do seu público-alvo. No LinkedIn você pode ter até 30 mil conexões, mas não saia adicionando qualquer pessoa, e sim quem faz parte do seu público-alvo.

A busca do LinkedIn é cheia de filtros que facilitam encontrar as pessoas do seu interesse. Relembre toda a etapa do planejamento que apresentei nos capítulos iniciais e você estará no melhor caminho!

Ah, Rafa, mas não é feio adicionar as pessoas?

Claro que não!

Faça um networking genuíno, que estará tudo bem. Ou seja, não adicione para logo mandar mensagem vendendo algo ou fazendo *spam*, e sim para construir um relacionamento pouco a pouco a partir do seu conteúdo.

É como eu digo:

Para ter oportunidades, você precisa criar as oportunidades.

É provável que nem todo mundo vá aceitar, até porque, como eu falei antes, tem muita gente que apenas criou o perfil e não aproveita as oportunidades do LinkedIn. Mas é bem provável que pelo menos metade das pessoas que você adicionar o aceitará, pois elas perceberão que o pedido de conexão vem de alguém em quem elas têm interesse em estar próximas, pois verão o seu perfil e sobre o que você tem falado.

Outra coisa muito importante são os grupos no LinkedIn. E aí você tem duas opções: participar de grupos do seu interesse ou criar um.

Quando se cria o grupo, você tem o poder de moderar e criar uma comunidade de acordo com as suas regras, além, é claro, de produzir conteúdo diretamente para os membros do grupo. Assim, você pode guiar essa comunidade e também fortalecer sua autoridade junto ao público-alvo.

Outro ponto fundamental é dar atenção aos comentários. Sempre responda aos seus comentários, pois esse é um engajamento de alto grau viral.

O que é grau viral?

O *post* volta para o *feed*, mesmo que seja de dias ou semanas atrás, e aparece para as conexões da pessoa que comentou. Ou seja, é como se, ao mesmo tempo, você recebesse um comentário e um compartilhamento — olha que maravilha!

Por isso, publique estrategicamente conteúdos que sejam perguntas para as pessoas responderem.

PERFIL PESSOAL OU COMPANY PAGE?

Assim como no Facebook as marcas têm páginas, no LinkedIn você também pode ter a página (Company Page) da sua empresa. Isso também é importante, mas lembre-se de que aqui estamos falando de Autoridade Digital, e é fundamental que você mantenha seu perfil pessoal e produza conteúdo por ele. A Company Page também é importante para otimizar a sua empresa no Google.

Muita gente me fala assim:

Rafa, no meu mercado ninguém está no LinkedIn.

Isso é ótimo, pois você vai ter menos concorrência! Então pare com essa coisa de pensar que não deve participar de uma rede social popular só porque seu concorrente não está lá. Não fique só olhando o terreno dos outros.

Não pense que o LinkedIn não é para o seu nicho. Sabe qual é uma das marcas mais seguidas no LinkedIn? Ela vende sabonete, perfumes, cosméticos... chama-se Natura.

Pode confiar: LinkedIn é, sim, para você.

COMPARTILHE EM SEUS STORIES

AS PESSOAS PRECISAM DE MOTIVO PARA TUDO NA VIDA. QUAIS OS MOTIVOS QUE VOCÊ ESTÁ DANDO PARA TE SEGUIREM? E PARA FALAREM DE VOCÊ?

@TERRADORAFAEL

POSICIONANDO SUA MARCA PESSOAL NO INSTAGRAM

Este é o meu capítulo favorito do livro porque o Instagram é a rede social que eu mais estudei nos últimos anos. Até escrevi o livro *Instagram Marketing: Como criar marcas vencedoras através da rede social mais importante do mundo*. O título diz tudo, não é mesmo?

E por que eu destaquei, no título do meu primeiro livro, que o Instagram é a rede social **mais importante** do mundo?

Porque já faz alguns anos que o Instagram é a rede social que mais tem retenção de usuários. Veja bem, não é a maior em número de usuários cadastrados, mas, sim, no tempo em que as pessoas passam conectadas.

Como eu falei várias vezes ao longo deste livro, a construção da Autoridade Digital é um jogo em busca pela atenção das pessoas. Portanto, o Instagram é um lugar em que você **não pode deixar de estar!**

O Instagram é uma rede social de engajamento em que você vai ter aquele contato diário próximo com o seu público. É a única mídia social que eu destaco que é fundamental publicar conteúdo todos os dias, desde o início do seu trabalho rumo a se tornar uma Autoridade Digital.

Por quê?

Porque é um ambiente de alta concorrência por atenção. Afinal, o Instagram é popular no mercado há mais de uma década, o que faz com que muitas marcas pessoais já o usem profissionalmente há bastante tempo.

Essa competição acirrada pelo olhar de milhões de pessoas que abrem o aplicativo todos os dias se traduz em constantes mudanças no algoritmo do Instagram. Ou seja: quanto mais gente presente publicando conteúdo, menor é a taxa de entrega dos *posts* de forma orgânica.

Então o jogo é da consistência. O Instagram é, inclusive, a única rede social em que, hoje, eu religiosamente publico conteúdo de domingo a domingo, mais de uma vez por dia.

Ah, Rafa, mas se tem muita gente, então, está muito difícil ter sucesso por lá...

Não, se colocar em prática o passo a passo que você tem em mãos. Digo isso porque o Instagram é a rede social em que estão as maiores oportunidades!

Além da alta retenção de usuários, percebo que a busca do Instagram tem ganhado cada vez mais importância nos últimos anos. Não é um substituto do Google ou do YouTube quando o assunto é pesquisa por dúvidas, mas é, sim, uma plataforma muito importante que as pessoas têm usado para procurar por produtos e serviços do seu interesse.

O mesmo efeito que o Google tem de motivar as pessoas a pesquisarem mais sobre uma marca ou empresa quando ouvem falar a respeito também tem acontecido de modo consistente no Instagram.

Então o Instagram está sendo uma união dos dois mundos: é uma rede social de engajamento e também de posicionamento. E essa mescla de engajamento e posicionamento já é realidade entre o público jovem.

Estudos internos do Google, compartilhados por executivos em um evento da indústria realizado em julho de 2022, confirmam que a busca do Instagram e do TikTok já está sendo o caminho natural para 40% dos jovens que pesquisam por estabelecimentos, como restaurantes.[2]

---

[2] Fonte: https://techcrunch-com.cdn.ampproject.org/c/s/techcrunch.com/2022/07/12/google-exec-suggests-instagram-and-tiktok-are-eating-into-googles-core-products-search-and-maps/amp/

Ou seja: essa parcela da população, que é 100% digital, começa a deixar de lado ferramentas até então consolidadas, como a busca do Google e o Google Maps, para encontrar respostas em redes sociais de engajamento. Isso porque eles esperam resultados que falam a própria linguagem.

Portanto, essa mistura de engajamento e posicionamento me leva a dizer que você tem que encarar o Instagram como uma relação entre amigos. **Relacionamento é a chave para construir a sua autoridade nessa rede social.**

É fato: a gente se esquece dos amigos que só aparecem uma vez por ano para dar feliz aniversário. Ou então daqueles que, de vez em nunca, surgem convidando para ir a uma festa. Chega um momento em que nos esquecemos das pessoas que fazem isso.

O mesmo vale para uma presença reduzida no Instagram: se você fizer isso, vai cair no esquecimento.

Outro fato que eu já destaquei antes e reforço é que o Instagram está relacionado ao interesse do outro. Marcas que só falam de si mesmas não conseguem se aproximar do público-alvo para se tornarem autoridades no mercado.

Por isso, leve muito a sério os ensinamentos dos capítulos iniciais do livro para conhecer bem o seu público.

Vamos agora para uma chuva de dicas práticas para fazer o seu Instagram gerar mais oportunidades.

O QUE AS PESSOAS AVALIAM PARA TER A PRIMEIRA IMPRESSÃO SOBRE A SUA MARCA

Pense no Instagram como a sua loja física ou o seu escritório. Para se destacar no mercado e ser lembrado positivamente pelos clientes, você obviamente vai querer passar uma boa impressão desde o primeiro momento, certo?

Então veja como porta de entrada do seu perfil estes três aspectos:

- Bio.

- Stories fixos.

- Seis *posts* mais recentes.

As pessoas vão julgá-lo por esses três elementos. É vendo isso que elas o perceberão como uma autoridade ou não, e se vão segui-lo ou não.

Passo a passo para cuidar bem da bio:

- Assim como funciona muito bem no LinkedIn, na bio do Instagram você também vai usar seus distintivos.

Faça os distintivos em listas e use um emoji no começo de cada um para facilitar a leitura — isso se chama leitura escaneável. O emoji é visual, chama atenção, e a lista curta facilita a leitura do conteúdo, pois não é uma grande frase ocupando todo o espaço.

- A última frase da bio precisa estar ligada ao link que você está usando no perfil.

Se você é um profissional da saúde ou de qualquer área em que a pessoa deva marcar um horário com você, sua última frase precisa ser sobre isso. Por exemplo: Marque sua consulta aqui. Esse é o famoso *call to action* (CTA), a chamada para a ação.

Faça isso sempre que precisar trocar o link para o que for mais relevante para você vender no momento.

Como usar os Stories fixos com estratégia:

- Quem é você.

- Seus serviços.

- Depoimentos de clientes.

- Um conteúdo seu que seja muito legal.

Os tópicos acima são os Stories que você precisa ter fixados. Veja esses quatro elementos do Instagram como se fosse um site.

Uma breve observação: já atendi muitos profissionais da área da saúde que sempre falam que não podem vender serviços ou trazer comparativos de **antes e depois**. Mas você pode trazer depoimentos de clientes.

Aposte nisso, especialmente se o seu cliente/paciente postou nos Stories e marcou sua conta. É a própria pessoa falando da qualidade do seu serviço, entende? E como eu falei muito ao longo deste livro, autoridade é construída pela percepção dos outros, não pelo que você fala sobre si mesmo!

Estes são os três tipos de *posts* que você deve fixar no Instagram:

Tipo 1: autoridade

As pessoas que chegam no seu perfil têm que botar fé naquilo que você posta. E isso acontece quando elas percebem que sua marca tem autoridade no seu nicho.

Por isso, indico você fixar algum marco importante da sua carreira, algum prêmio ou alguma entrevista sua na mídia. Isso chancelará que sua marca é uma especialista confiável.

Exemplo: fixei uma das minhas últimas entrevistas na grande mídia.

Tipo 2: conteúdo de alto valor

Não adianta ter autoridade na sua área, se você não tiver conteúdo interessante.

O que fará as pessoas terem motivos para o seguirem é a percepção de que você publica conteúdo relevante com consistência e regularidade. Ou seja, um dos seus *posts* fixos deve ser justamente algum conteúdo que ajude realmente o seu seguidor.

Exemplo: fixei as tendências das mídias sociais para o segundo semestre de 2022, conteúdo que ajuda meus seguidores com um direcionamento no que apostar em suas estratégias de marketing.

Tipo 3: vendas

Todo negócio precisa vender, é o básico. E não poderia ser diferente nos *posts* fixos.

Separe um deles para trazer algum lançamento da sua marca ou a ação ou promoção em que estiver trabalhando no momento.

Exemplo: eu trouxe uma venda de forma sutil, em um *post* que mostra meu livro entre os mais vendidos da livraria Saraiva.

Dica extra para marcas iniciantes:

Se a sua marca está iniciando no Instagram, um *post* fixo de apresentação é muito importante. E é fundamental que o *post* responda às seguintes questões:

- Quem é a sua marca?
- Quais produtos/soluções oferece?
- Como podemos contratá-lo?
- Que tipo de conteúdo trará no Instagram?

Por que os seis *posts* mais recentes são importantes?

Porque eles precisam ter muito valor agregado. Ou seja: a pessoa bate o olho na imagem e já sabe que tem algo bom para ser visto ou lido ali.

É por isso que, antes, eu falei que é ruim ter mais de um perfil no Instagram e dividir seus rastros na web entre pessoal e profissional. Reforço: tudo é pessoal.

Por isso você tem que sempre mesclar os conteúdos, inclusive aspectos pessoais, para que os seis *posts* mais recentes sempre tenham bastante conteúdo que gere valor para o seu público-alvo.

Isso é ainda mais importante quando você está com uma campanha de anúncios ativa, pois mais pessoas estarão chegando ao seu perfil para decidir se o seguem ou não.

Feed X Stories

Os Stories são muito convidativos, e quanto mais você publicar, melhor. Vá dividindo esse conteúdo em grupos de, no máximo, três ou quatro Stories a cada três horas, para não saturar nem ser "escondido" pelo próprio Instagram.

Só não se deixe levar apenas pelos Stories, pois é no *feed* que você vai crescer! O *feed* tem um grau viral 40x maior que os Stories. O motivo é simples: cada Story some depois de 24 horas.

Eu me apavoro com profissionais que passam o dia inteiro fazendo Stories e abandonam o *feed*. Se a pessoa tem tempo para fazer dezenas de Stories por dia, por que não dedicar um momento para produzir conteúdo no *feed*?

O Instagram joga o jogo de agradar às pessoas e ao algoritmo. Você agrada a ambos produzindo conteúdo com base no interesse do seu público-alvo.

Costumo dizer que o algoritmo do Instagram atua que nem o Boninho, da Globo, ou o Silvio Santos, do SBT. Ele mantém na grade de programação o que tem audiência. Se não tem audiência, já era.

É por isso que tem muito programa que fica no ar durante anos, mesmo que eu e você achemos ruim, pois tem audiência.

É a mesma lógica aplicada pelos *streamings*. De quantos seriados você viu a primeira temporada, gostou muito, e a Netflix ou a Amazon não renovou para uma nova temporada? É porque não teve audiência suficiente para dar continuidade.

Sem rodeios: o que não tem audiência não paga as contas.

Só que o algoritmo do Instagram é pior do que a tesoura do Boninho, do Silvio Santos e dos *streamings*. Eles esperam um tempo com os programas sendo veiculados; já o algoritmo do Instagram dá 20 minutos para o *post* acontecer. Se não gerar engajamento nos primeiros minutos de vida, o Instagram praticamente esconde seu *post* do *feed* das outras pessoas.

Esta é a escadinha das métricas que o algoritmo do Instagram considera mais importante para decidir se seu *post* vai ser mostrado para mais pessoas ou se vai ser escondido:

1. Salvamentos.

2. Compartilhamentos para os Stories e por DM.

3. Comentários.

4. Curtidas.

5. Alcance.

Veja que as curtidas estão em 4º lugar, mas é justamente o que as pessoas costumam olhar para julgar se um conteúdo deu certo ou não. É a pegadinha da métrica de vaidade.

Por isso que o jogo da atenção tem que ser jogado pensando nas **métricas mais importantes** para o algoritmo trabalhar a favor da sua autoridade.

Os conteúdos que mais recebem salvamentos são conteúdos longos em carrossel, com várias imagens que trazem dicas, receitas, pesquisas, infográficos, ou simplesmente muitas informações a ponto de a pessoa salvar para ler mais tarde.

E quando as publicações agradam ao algoritmo, elas vão parar no **Explorar**.

Sabe a lupinha que leva para a página de pesquisa? Aqueles *posts* que aparecem antes de você digitar sua busca é o que está em destaque no Explorar.

Os conteúdos ali estão bombando em contas que muitas vezes você nem segue, mas têm a ver com seus interesses. É o melhor lugar para você estar, pois atrai novos olhares de pessoas que ainda não seguem sua marca.

QUATRO EDITORIAS DE CONTEÚDO QUE TODA MARCA DEVERIA FOCAR

Editorias de conteúdo são tão importantes que dediquei um capítulo inteiro só para falar sobre isso. No entanto, além de dividir as suas editorias em apenas "temas", você pode também focar a busca por **objetivos claros**!

Veja os quatro principais e os conteúdos mais indicados para conquistá-los:

6. **Salvamentos:** conteúdo longo e de alto valor para seu público, principalmente em carrossel.

7. **Compartilhamentos:** posicione-se sobre as questões do seu mercado. Sua audiência se sentirá representada e compartilhará.

8. **Comentários:** vídeo é o melhor formato para esta finalidade. Não se esqueça de um ótimo título.

9. **Vendas:** apresente seus produtos em Reels, eles terão mais alcance, e mescle sempre com conteúdo.

HORA DE CONQUISTAR NOVOS SEGUIDORES

Ter o objetivo de aumentar seguidores não é sobre ego. É sobre impactar mais pessoas com sua mensagem e converter mais!

É claro, apenas volume de seguidores não converte. É preciso ter o público certo! Compartilho com você dez estratégias para aumentar a sua audiência.

Os dez caminhos mais efetivos para aumentar seguidores no Instagram:

- **1º caminho:** um motivo claro para as pessoas seguirem você.

Tenha uma promessa de entrega de conteúdo para um público. E cumpra essa promessa diariamente.

É sobre coerência, relevância e consistência!

- **2º caminho:** sem miséria de conteúdo.

Entregue o seu melhor! Peque pelo exagero! Aposte em conteúdo no formato de carrossel!

- **3º caminho:** coloque o seu @ em todos os materiais possíveis.

- **4º caminho:** as pessoas só se engajam quando provam o seu trabalho ou seu produto.

Dê uma amostra do que você faz de melhor para as pessoas!

- **5º caminho:** faça anúncios *lookalike* em cima dos seus melhores conteúdos.

- **6º caminho:** faça anúncios de tráfego direto para o link do seu Instagram com uma promessa muito forte em seu criativo.

- **7º caminho:** Crie um movimento de conteúdo em torno da sua marca, com página de inscrição + página de "obrigado".

Por exemplo: peça para as pessoas o seguirem na página de "obrigado" ao se inscreverem em uma newsletter ou comprarem um produto no seu e-commerce.

- **8º caminho:** faça Reels diários sobre o seu tema de atuação. É o conteúdo que hoje mais tem potencial viral.

- **9º caminho:** aplique a estratégia dos quatro vídeos impulsionados.

Funciona assim: faça um minicurso de quatro vídeos para o Instagram e linque um com o outro!

Impulsione os vídeos em cima dos seus clientes potenciais e sempre os finalize chamando para as pessoas seguirem você, a fim de receberem os próximos vídeos.

- **10º caminho:** tenha um canal no YouTube e assine todos os seus vídeos com a sua @ do Instagram.

Todos os grandes influenciadores fazem isso.

É TUDO SOBRE ORGÂNICO + ANÚNCIOS

Como falei antes, é fundamental investir em anúncios. Contas com altas taxas de engajamento orgânico costumam alcançar uma média de 10% da própria base de seguidores.

Lembra que eu falei sobre disputar somente 10% da atenção no Google por não estar na primeira página? Então, a lógica aqui é a mesma: 10% em média organicamente é bom, **mas não é suficiente** para que você se torne uma Autoridade Digital.

Separe uma graninha para investir todo mês. Não caia no erro, muito comum, de investir em *posts* que tiveram pouco engajamento. Você precisa potencializar o que já deu certo!

Invista no seu sucesso, não no seu fracasso.

Portanto, aprenda sobre anúncios em cursos dedicados a isso ou contrate profissionais e agências especializadas em tráfego pago.

Lives: comece a fazer lives com parceiros de negócios e influenciadores digitais. Quando faz lives com mais pessoas relevantes para a sua marca, você troca audiência e cresce mais rápido.

Reels: no momento em que escrevo este livro, os Reels continuam super em alta, e a tendência é que sigam assim por um tempo, pois o TikTok (de onde o formato foi copiado pelo Instagram) não dá sinais de que vai perder relevância.

Dica para Reels assertivos: use títulos e legendas. Aplicativos como Clipomatic ajudam a colocar títulos e legendar facilmente e direto pelo celular.

Tenho uma provocação para lhe fazer: por que pensar em vender um produto por dia se você pode escolher um dia para vender em massa?

Pense em períodos para produzir conteúdos especiais que gerem mais vendas. Por exemplo, se você é nutricionista, faça a "Semana do Emagrecimento Saudável" no Instagram. Emagrecer de forma saudável é o sonho (ou a necessidade) de muita gente. A cada dia você pode dar dicas em vídeo para manter seu público engajado sempre.

Digamos que na quinta-feira você pergunte para a audiência se o pessoal está gostando do conteúdo, e já o associe à venda do ingresso para um grupo de desafios limitado a 20 pessoas, que iniciará no dia seguinte. Peça para que as pessoas entrem em contato via Direct (DM).

Por que 20? E por que o grupo inicia no dia seguinte? Para usar os gatilhos mentais de urgência (só até amanhã) e escassez (somente para 20 pessoas).

Por que usar esses gatilhos? Porque todo mundo sempre tem alguma coisa para fazer e acaba adiando a tomada de decisão. Então quando algo é urgente e escasso, não dá para adiar muito, e a compra acontece mais facilmente.

Nesse grupo, você continuará com as dicas e prestará um atendimento personalizado às pessoas que cumprirem os desafios para que emagreçam com saúde.

Entende a lógica de pensar os conteúdos para ligá-los a uma venda? Você faz um movimento de conteúdos que, na frente, irá gerar vendas em grande quantidade.

Por fim, para você aplicar ainda melhor os gatilhos mentais. Recomendo a leitura do livro *As Armas da Persuasão*, do autor Robert Cialdini. Ele foi o primeiro a falar sobre essa estratégia de marketing e é autoridade no assunto.

COMPARTILHE EM SEUS STORIES

TER O OBJETIVO DE AUMENTAR SEGUIDORES NÃO É SOBRE EGO. É SOBRE IMPACTAR MAIS PESSOAS COM A SUA MENSAGEM. CONVERTER MAIS!

@TERRADORAFAEL

POSICIONANDO SUA MARCA PESSOAL NO FACEBOOK

Não se engane: Facebook não morreu — e continua vivíssimo. Além de ser a rede social com mais usuários brasileiros, é também onde há mais **dados do seu cliente**.

Pense comigo: no Instagram não existem campos para você colocar profissão, cidade onde mora, status de relacionamento e outros dados importantes para uma estratégia de marketing digital.

Por isso o Facebook é tão importante, pois esses dados do cliente estão lá.

Hoje o Facebook é uma das **maiores ferramentas de anúncios** do mundo. Como o Meta é a empresa dona do Facebook, Instagram e WhatsApp, é a partir do Facebook que toda a mágica acontece por meio de suas ferramentas de negócios.

Sim, o engajamento e a retenção das pessoas têm diminuído muito nos últimos anos. Por isso, você deve olhar para o Facebook como uma ferramenta para anunciar com estratégia e exponencializar a sua marca pessoal em todos os produtos da Meta.

Então não tem jeito: você vai precisar criar uma página (fanpage) da sua marca no Facebook para poder usar os recursos de negócios, pois perfis pessoais não são capazes de anunciar.

Atenção: não recomendo transformar seu perfil pessoal em página. O Facebook é a única rede na qual eu recomendo você ter a divisão entre página da marca e perfil pessoal.

Por que essa contradição com o que escrevi nos capítulos anteriores?

Porque o alcance dos perfis pessoais é muito maior do que o de páginas. Então você pode usar seu próprio perfil para compartilhar pontualmente seus conteúdos, a fim de fortalecer sua autoridade também com seus amigos no Facebook. Isso sem falar que perfis pessoais podem convidar amigos para curtirem as páginas que administram.

Então, se você tem clientes e amigos que fazem parte do seu público-alvo, convide-os para curtir a fanpage da sua marca. Isso é muito importante principalmente no início da construção da audiência no Facebook.

Mas vamos lá: a mágica no Facebook acontece mesmo é com anúncios. Só que nele a lógica é um pouco diferente do que no Instagram.

Se você é nutricionista, ou já se consultou com profissionais de nutrição, sabe que muitos indicam que é preciso comer pouco, mas em diferentes momentos do dia, para manter a saciedade. A lógica aqui é parecida: você precisa separar uma verba mensal para distribui-la um pouquinho entre todas as publicações da fanpage.

Se você colocar todo dinheiro em um único *post*, só ele vai bombar, e os outros vão ficar rezando para serem virais em uma rede cuja taxa de alcance médio das páginas atualmente é de 2%. Se você não investir em nenhum *post*, nada vai bombar.

A palavra de ordem dos anúncios no Facebook é **equilíbrio**. Então o melhor é você pensar estrategicamente em cada *post* e colocar um dinheiro em todos.

Outra diferença entre Facebook e Instagram é a necessidade de ser constante. Aqui o caso não é de publicar todos os dias, até porque isso impactaria a verba que você investe todos os meses.

Então, produza conteúdos de qualidade, com potencial de engajar mais o seu público-alvo no Facebook, e publique-os três ou quatro vezes por semana. É assim que você trilha o caminho mais assertivo: publicando conteúdo relevante para o seu cliente e investindo uma graninha para que ele chegue às pessoas do seu interesse.

Lembre-se de publicar sempre nos melhores horários, ou seja, nos momentos do dia em que mais pessoas que curtem a sua página estão online.

E quanta grana você deve investir? A verdade é que eu não tenho como definir por você, porque eu não sei qual é o seu nicho. Mas fato é: tudo no digital é teste.

Então separe um dinheiro que não vá prejudicar seu orçamento e comece a fazer testes distribuindo igualmente o dinheiro entre todos os seus *posts* do mês.

Vamos supor que você fará 10 *posts* no mês e tenha R$ 100 para investir. Invista R$ 10,00 em cada um. Comece pequeno, mas com estratégia, e vá adaptando conforme você avalia os resultados.

Outra questão importante referente à página no Facebook é que ela otimiza na busca orgânica do Google. Ou seja: não crie uma fanpage apenas com o seu nome. Use seu nome + o que você faz + onde você faz.

Exemplos:

> **Dra. Juliana Palma** — Dermatologista em Porto Alegre

> **César Soares** — Psicólogo em São Paulo

> **Fernanda Alves** — Arquiteta em Curitiba

> **Nelson Silva** — Nutricionista no Rio de Janeiro

Tudo é estratégia quando o assunto é ser Autoridade Digital. É muito mais do que se destacar em uma rede social; é ser relevante em todo o ecossistema digital.

Na fanpage você também terá a possibilidade de receber avaliações. Comece em casa: peça para amigos, familiares e clientes fiéis deixarem feedbacks. Não peça elogios, peça feedback. Isso vai ser muito importante para que as pessoas que chegarem à sua página percebam que sua nota é alta, os comentários são sinceros e as pessoas confiam em você.

O QUE ESTÁ EM ALTA NO FACEBOOK

Storytelling:

Conteúdos mais pessoais no Facebook têm funcionado muito bem!

Algumas áreas profissionais têm mais vantagem no Facebook, por exemplo: profissionais da saúde, comunicadores, moda e varejo etc., o que for possível compartilhar conteúdos que gerem identificação por meio de superação, afeto, inspiração, alimentação, conexão direta com pessoas continuam bombando.

O principal de tudo é o *storytelling*.

Quem consegue contar boas histórias se destaca no Facebook. Isso pode ser uma vantagem para negócios locais também, principalmente em pequenas e médias cidades.

Vídeos com uma boa didática e um soco de informação:

Vídeos acima de três minutos performam muito bem no Facebook. Isso é curioso, pois no Instagram e no TikTok a onda é de vídeos curtos com média de um minuto.

Não cometa este erro: não faça o vídeo para o YouTube e compartilhe o link. O Facebook odeia o YouTube, e por esse motivo ele joga o alcance lá embaixo, porque é uma plataforma concorrente. Afinal de contas, de certa forma a rede do Zuckerberg quer ser o novo YouTube.

Então perceba a importância do contexto. Antigamente era muito comum tentar fazer o vídeo o mais curto possível para a web.

Hoje com o avanço dos *streamings* e de muitas produções mais longas, como documentários no próprio YouTube, as pessoas se acostumaram a consumir vídeos extensos. Isso acontece mesmo acessando pelo celular.

O importante é respeitar o contexto de uso: a mentalidade das pessoas em cada rede social.

Resumindo: Facebook e YouTube funcionam bem mesmo com vídeos acima de três minutos. Eu digo que o tamanho do vídeo é o tamanho da sua boa história. Não adianta fazer um vídeo longo, mas passar boa parte do tempo só se apresentando.

Para encerrar o tema de vídeos no Facebook: é importante que você tenha uma didática atrativa e inicie os vídeos com uma provocação ou dados que interessem o seu público. É o que eu chamo de soco de informação: a pessoa dá o *play* no vídeo, recebe informações que ela não tem e que a motivam a se engajar com você.

Grupos do Facebook:

Sim! Os grupos do Facebook são muito fortes, e isso ficou ainda mais evidente a partir da pandemia. As pessoas começaram a ir em busca de grupos com assuntos do interesse delas (lembra-se do comportamento de tribo?) para poder interagir com pessoas durante o período de distanciamento.

Muita gente manteve esse hábito mesmo depois que a pandemia começou a ser controlada. Isso sem falar que o Facebook passou a investir pesado no marketing dos grupos, inclusive fazendo outdoors, anúncios na TV e propagandas antes de filmes no cinema.

Mas atenção: o grupo não deve ser sobre sua marca! O importante é que você crie um grupo em cima dos interesses e do comportamento do seu público-alvo. Qual é o comportamento que une os seus clientes? Pense nisso para definir o tema do seu grupo!

Eu, por exemplo, poderia criar um grupo para fortalecer a Autoridade Digital das pessoas. Teria público para engajar, não é verdade? Você seria uma dessas pessoas que quer aumentar a Autoridade Digital!

Agora, se eu criasse um grupo chamado Rafael Terra, para que você entraria nele, se já segue minha página no Facebook e minhas contas em outras redes sociais? Não teria sentido, não é mesmo?

A grande sacada dos grupos é que você está criando uma mídia da qual a sua marca é dona. É você quem dita as regras. É como se você tivesse criado um canal de TV com a proximidade de poder falar diretamente com a sua comunidade.

Os grupos do Facebook são excelentes também para quem vende infoprodutos, justamente pela proximidade com quem compra os produtos digitais da marca.

Outra tendência é criar grupos que reconhecidamente agregam valor ao público-alvo e cobrar pela entrada. Você ter a própria comunidade e firmar o comprometimento de estar sempre gerando valor para os membros é um atrativo para que as pessoas paguem para fazer parte desse círculo próximo de você.

Isso é uma tendência porque as pessoas estão cada vez mais acostumadas a fazer pagamentos com recorrência — ou seja, valores que muitas vezes são simbólicos (como R$ 10 por mês, que seria considerado um micropagamento) para ter acesso a você e a conteúdos exclusivos. Isso já é feito em uma série de plataformas de forma nativa, como YouTube, por meio dos membros dos canais, Twitch, Telegram Premium, e em breve deve chegar ao Instagram também.

Fora que a própria comunidade se relaciona. Então, você pode ser tanto um produtor de conteúdo para gerar valor no grupo, como também uma espécie de curador para manter o alto nível das conversas. Não pense apenas no valor unitário, e sim no potencial de renda que você tem com o montante geral das pessoas pagando.

Por exemplo: 400 pessoas pagando R$ 20,00 por mês para fazer parte do seu grupo que gera valor para elas significa ter uma renda de R$ 8.000,00 mensais — um verdadeiro negócio rentável.

Posts em listas:

Outra dica para engajar pessoas no Facebook é transformar seu conteúdo em listas. Em vez de falar sobre uma novidade ou uma mudança no seu mercado, transforme-a em pequenos pontos que vão ajudar a audiência a entendê-la tópico por tópico.

Por exemplo: se você é advogado, não faça um *post* com o *card* dizendo "Entenda a Reforma Trabalhista". Chame atenção com uma arte dizendo "Entenda a Reforma Trabalhista em cinco passos", e você pode construir o texto na legenda de maneira mais visual, dividindo os ensinamentos em tópicos. Fica mais fácil de as pessoas entenderem, gerando mais retenção.

Resumindo: o Facebook continua muito importante!

Portanto, arrume a casa, produza conteúdo três ou quatro vezes por semana e invista em anúncios.

Aprenda a anunciar fazendo cursos especializados em tráfego pago para Facebook ou contrate profissionais especializados. Não é porque o alcance orgânico está fraco no Facebook que você não deve estar nessa rede social. As oportunidades também estão aqui!

E veja que os grupos podem tanto servir para engajar o teu público-alvo, como também ser um business por conta própria!

COMPARTILHE EM SEUS STORIES

SE VOCÊ QUER SER UMA MARCA SÓLIDA, PRECISA REPETIR, DE FORMA CRIATIVA, SUAS CRENÇAS! NÃO É APENAS SOBRE NOVIDADES OU MEMES: É SOBRE TER UMA BOA, RELEVANTE E VERDADEIRA HISTÓRIA PARA CONTAR!

@TERRADORAFAEL

POSICIONANDO SUA MARCA PESSOAL NO YOUTUBE

O YouTube é uma rede social das mais importantes para a conquista da tua Autoridade Digital. É nele que mais surgem influenciadores e grandes marcas pessoais. Enquanto eu escrevia o livro *Instagram Marketing*, fiz um estudo das marcas pessoais mais seguidas no Instagram e percebi que todas têm canal no YouTube.

O YouTube tem a capacidade de gerar uma reputação muito grande para marcas pessoais. Quando consegue ser uma autoridade por lá, você tem mais facilidade de converter a sua audiência em seguidores nas outras redes sociais e em outros canais estratégicos que você use, como e-mail marketing, Telegram e WhatsApp.

Uma das maiores referências disso que estou falando é a Nathalia Arcuri, CEO da Me Poupe! Ela se tornou uma autoridade em finanças inicialmente pelo YouTube, mas veja que ela sempre assina os vídeos com o @ dela no Instagram.

É no YouTube que ela conquista as pessoas, e no Instagram ela mostra os bastidores, o dia a dia, mantém esse relacionamento sempre próximo com a audiência.

Então YouTube + Instagram é um casamento bem importante da sua marca pessoal, pois dá muito certo!

A primeira coisa que você precisa decidir é se o seu canal no YouTube vai ser um canal de engajamento ou de posicionamento.

Canal de posicionamento é como o meu. Eu tenho conteúdos para ranquear bem no Google respondendo a dúvidas e trazendo tendências de marketing digital. Só que eu não publico vários vídeos na semana, então meu foco lá não é o engajamento.

No YouTube, tenho vídeos que falam sobre o que eu vendo, que me geram autoridade, tenho vídeos de depoimentos, de palestras que eu ministrei em grandes eventos... Tudo isso reforça quem eu sou, o que eu faço e o que eu vendo. Está entendendo?

Então um canal de posicionamento deve ter vídeos que:

- Falem quem você é.
- O que você faz.
- O que você vende.
- Apresentem depoimentos de clientes.

Tudo que o seu planejamento mostra é importante para você ser reconhecido como uma marca que é autoridade no mercado.

Ou então você vai querer ser um **canal de engajamento** — e aí o jogo é de produzir bastante conteúdo todas as semanas (ou até diariamente). Os canais que crescem mais rapidamente no YouTube publicam mais de um vídeo por semana.

Independentemente da sua escolha, é importante ter em mente o conteúdo mais procurado no YouTube: como fazer algo.

- **Como fazer** bolo de cenoura?
- **Como limpar** o vaso sanitário?
- **Como fazer** uma horta em casa?
- **Como editar** vídeos pelo celular?
- **Como dar** nó em gravata?

O que todas essas perguntas têm em comum? Um pedido de ajuda. Portanto, tenha sempre em mente **como** você vai ajudar as pessoas.

COPYWRITING NO YOUTUBE É ESSENCIAL

Assim como já falei sobre posicionamento no Google, aplique a mesma lógica de palavras-chave e copywriting nos títulos, nas descrições e nas *tags* dos seus vídeos no YouTube, pois a busca da rede social funciona como a do Google, e os vídeos são ranqueados também no Google.

De nada vai adiantar um vídeo superbom e com altas dicas de valor se essas informações não tiverem relação com o que o seu público-alvo busca.

E lembre-se: se você quer aumentar a reputação da sua marca pessoal, é importante que o seu canal tenha *seu nome + sua expertise*, também para otimizar no Google.

FOQUE AS LIVES NO YOUTUBE

Já falei sobre a importância das lives no Instagram, e aqui quero confessar uma coisa para você: por mais que eu estude e me dedique muito ao Instagram, eu prefiro fazer lives no YouTube.

Porque geralmente as pessoas assistem a lives em um contexto em que dão mais atenção, usando principalmente o PC ou notebook. Assim as chances de perder a atenção da audiência são menores, pois não fico competindo com notificações e 1.001 coisas acontecendo no celular da pessoa.

Isso sem falar que quem está assistindo tem a comodidade de poder voltar a live caso tenha perdido alguma informação, coisa que não dá para fazer no Instagram.

Outro ponto positivo das lives no YouTube é que você pode fazê-las sem grandes equipamentos: pode usar a própria webcam do PC ou notebook. Ainda tem a facilidade de escolher se deixa o vídeo salvo ou não.

Se deixar a live salva, ela vira mais um conteúdo em que você pode trabalhar título, descrição, *tags* — tudo pensando em otimizar na busca. Ou seja, não é um conteúdo que acontece uma vez e nunca mais é visto. No Instagram já não é bem assim, porque as lives salvas não contam com esse recurso de serem encontradas por busca de palavras-chave.

Isso sem falar que existe o YouTube Studio, um painel para canais editarem os conteúdos, o que permite inclusive cortar partes da live.

Em resumo, você só precisa de um PC ou notebook + uma webcam para trabalhar a sua Autoridade Digital no YouTube.

É óbvio que se você tiver dinheiro para investir em videomaker, softwares de edição, uma webcam profissional e tudo mais é melhor, mas o ponto é: não deixe de começar só porque você não tem os melhores recursos.

FAÇA ESTE EXERCÍCIO RÁPIDO E MUITO EFICIENTE

Este é um exercício prático para você pegar gosto pelo vídeo mesmo que não tenha experiência nem os recursos que gostaria:

- Faça um vídeo por conta própria com a câmera que tiver.

- Apresente-se, diga o que você faz, qual produto ou serviço vende, como se fosse um vídeo institucional da sua marca pessoal.

- Suba o vídeo no YouTube seguindo as melhores práticas de palavras-chave orientadas para o seu mercado.

Isso já vai ajudar:

> O TEU POSICIONAMENTO NO GOOGLE E NO YOUTUBE (2 EM 1!).

> A SANAR AS DÚVIDAS DA AUDIÊNCIA.

> E DE QUEBRA VOCÊ GANHA EXPERIÊNCIA EM GRAVAÇÃO, EDIÇÃO E PUBLICAÇÃO.

E olha que legal: após fazer o seu primeiro vídeo institucional, você pode usá-lo como complemento para as propostas que você envia.

Por isso, liste as dúvidas que você costuma receber dos clientes, principalmente aquelas que mais aparecem durante o período em que pessoas e empresas estão decidindo se contratam você e logo no começo do trabalho. Responda essas dúvidas nesse vídeo institucional.

Você pode ganhar muito mais do que imagina com isso. Cito alguns possíveis ganhos:

- Mais tempo para você, pois você elimina reuniões desnecessárias por sanar as principais dúvidas no vídeo.

- Confiança do *prospect*, pois mostra que você existe e sabe do que está falando.

- Desenvoltura para falar cada vez melhor diante da câmera.

- Chance de ter seu vídeo compartilhado pelo *prospect* com outros contatos que tenham interesse no seu produto/serviço.

YOUTUBE + SITE = DUPLA DE SUCESSO

Outro ponto importante do YouTube é poder acrescentar valor ao seu site.

Use o vídeo institucional na capa do site em destaque logo que a página abre (também conhecida como seção Hero), pois isso aumenta a retenção dos usuários. A pessoa entra e logo já tem o interesse em assistir ao vídeo para saber mais sobre você.

Por fim, pense também na imagem de miniatura do vídeo (*thumbnail*), para que exiba uma imagem com um texto que complemente o título do vídeo. Por exemplo, mostre um dado real aplicando técnicas de copywriting para trabalhar a persuasão.

Obviamente que você pode fazer boas *thumbnails* contando com o apoio de designer, mas também pode usar recursos como o Canva, que já mencionei antes. Aplicativos como o Canva contam com *templates* que facilitam muito a vida sem pagar nada por isso. Então não deixe de fazer boas *thumbnails*!

COMPARTILHE EM SEUS STORIES

OPORTUNIDADES NA VIDA SÃO COMO PASSAGENS AÉREAS. SE NÃO APROVEITARMOS NO MOMENTO CERTO, DEPOIS PAGAREMOS MAIS CARO!

@TERRADORAFAEL

AUTORIDADE DIGITAL NO TIKTOK

No momento em que praticamente todas as redes sociais estão abarrotadas de conteúdo, o TikTok surge como uma oportunidade em que os nichos ainda não estão saturados. Ou seja: ainda existe um espaço enorme tanto para crescimento, como para falar sobre o básico da sua área.

Pare para pensar: quando você pesquisa alguma coisa no YouTube, no Google ou até no Instagram, já existem centenas de milhares de pessoas produzindo conteúdo sobre aquilo.

No TikTok ainda não existe esse conteúdo básico sobre a sua área, pois ainda há um forte estigma de que é uma plataforma para jovens ou apenas para fazer dancinhas. Por isso, aproveite a onda do momento para responder às questões mais básicas e recorrentes do seu segmento em formato de vídeo.

O TikTok também gerou o que eu chamo de **cultura do *looping***.

O que é isso? É o comportamento de começar assistindo a um vídeo, depois outro, e mais um... e assim ficamos em um *looping* de assistir a vários conteúdos.

E isso já nos dá um caminho do que realmente funciona na plataforma, que é obviamente um conteúdo relevante para o seu público com velocidade e no formato de vídeo.

Mas, Rafa, se não é uma rede social só para jovens e fazer dancinhas, o que funciona lá para os negócios?

É uma questão de acertar a linguagem dos vídeos curtos. Esse é o pulo do gato.

Veja por exemplo o @escobaradvogados. O Gustavo Escobar é um cliente meu, especializado em INSS. Ele está no TikTok com a conta do seu escritório fortalecendo sua Autoridade Digital falando um tanto distante dos interesses do público jovem.

AUTORIDADE DIGITAL

Escobar Advogados OAB-GO...

@escobaradvogados

Educação e formação

459	590,2K	4,8M
Seguindo	Seguidores	Curtidas

Seguir

🤝 Ajudamos quem precisa do INSS
📱 Fale comigo: WhatsApp (62) 99671-3672

🔗 www.escobaradvogados.com

✉ E-mail

💬 Perguntas e respostas

▶ Podcast   ▶ Dicas Jurídicas   ▶ Direitos

Fixado — Mais uma fake news — ▷ 827,8K

Fixado — Desafio sobre o INSS — Vamos ver quantas dessas — ▷ 2,9M

Fixado — 3 DIREITOS DE QUEM SE APOSENTA PELO INSS — ▷ 2,1M

A verdade é que ele cresceu absurdamente no TikTok por ter entendido bem como o algoritmo da plataforma funciona e, é claro, adaptado o conteúdo para a linguagem que as pessoas querem realmente ver na rede social.

Atualmente ele está com 590 mil seguidores falando sobre um assunto megassério. Mais do que ter seguidores, ele já lucra bastante também a partir do TikTok.

Só para você ter uma ideia, ele tem mais de meio milhão de seguidores no TikTok, e esse número é muito maior do que a audiência dele nas outras redes sociais. Isso significa que foi a partir do TikTok que ele realmente obteve um crescimento gigantesco por **exponencializar sua autoridade em uma rede social que os concorrentes não estão ocupando**.

Então ele é uma prova de quanto o TikTok é uma rede social que vai muito além das dancinhas. É uma plataforma para você criar autoridade de forma muito sustentável e exponencial.

OS IMPRESSIONANTES NÚMEROS DO TIKTOK

O TikTok já alcançou a marca de 1 bilhão de usuários no mundo, está em 4º lugar após o Facebook (o 1º, com 2,9 bilhões de usuários), YouTube (2º, com 2 bilhões) e Instagram, com 1 bilhão também.

Na América Latina, o TikTok já ultrapassou 100 milhões de usuários, sendo que o Brasil já é o segundo país que mais usa essa rede social no mundo. Outra pesquisa diz que 45% dos brasileiros usam o TikTok, segundo estudo publicado no Yahoo! Finanças[3].

Ou seja: é uma *grande*, *grande*, *grande* oportunidade!

É como eu disse no capítulo sobre a sua marca pessoal no Instagram: não é porque o seu concorrente ainda não está em uma rede social que você não deve estar. Ao contrário, esse

---

3   Fonte: https://br.financas.yahoo.com/news/45-dos-brasileiros-usam-o-tik-tok-diz-pesquisa-155211265.html

é um ótimo motivo para você ocupar o espaço que a concorrência está deixando!

Mas as vantagens não param por aí!

Outra pesquisa da Statista mostra que o TikTok é o app de rede social mais envolvente, com sessão média de 10,8 minutos[4]. Ou seja: a cada momento de conexão, o usuário fica cerca de dez minutos assistindo aos vídeos na plataforma.

Um outro dado interessante foi divulgado pelo estudo *TikTok's What's Next Report 2022*. O material mostra que a busca pelo assunto "finanças" cresceu 255% em 2021 no TikTok[5].

Portanto, os estudos comprovam: assuntos sérios também têm vez na plataforma.

Antes de encerrar o assunto estatístico, destaco que o *TikTok's What's Next Report 2022* também afirma que os vídeos com melhor desempenho têm duração entre 21 e 34 segundos. Então, o que realmente funciona no TikTok é a linguagem dos vídeos curtos.

CONHECENDO O ALGORITMO DO TIKTOK

Bom, para crescer a Autoridade Digital no TikTok, você precisa entender como funciona o algoritmo dele.

Estes são os três principais componentes do algoritmo do TikTok:

1. **Informações de vídeo:** os sinais de informações de vídeo são baseados no conteúdo que você procura na guia Descobrir (legendas, músicas e *hashtags*).

---

[4] Fonte: https://www.statista.com/statistics/579411/top-us-social-networking-apps-ranked-by-session-length/

[5] Fonte: https://sf16-sg.tiktokcdn.com/obj/eden-sg/tpslsslojpt/WhatsNext_NA.pdf

2. **Interações do usuário:** como mencionado, o algoritmo do TikTok é influenciado pelo consumo de conteúdo e pelas interações do usuário no aplicativo.

3. **Configurações de dispositivo e conta:** embora não tenham uma influência tão forte no algoritmo do TikTok, ainda vale a pena mencionar isso. O TikTok considera configurações como idioma, país e tipo de dispositivo do usuário para otimizar a entrega de conteúdos.

É importante saber também quais engajamentos **não são importantes** para o algoritmo do TikTok. Veja:

1. Conteúdo já visualizado.

2. Conteúdo duplicado.

3. Conteúdo potencialmente perturbador (o TikTok fornece exemplos de "consumo legal de bens regulamentados" ou "procedimentos médicos gráficos").

4. Conteúdo que é sinalizado como *spam*.

COMO CONSTRUIR SUA AUTORIDADE DIGITAL NO TIKTOK

Antes de falarmos sobre como a sua marca deve agir no TikTok, é fundamental você saber que existem contas comerciais e contas de *creators*.

As comerciais são indicadas para empresas, e as de *creators* são para quem quer produzir conteúdo mais por lazer, sem tanto viés comercial.

Então se você quer construir sua autoridade produzindo conteúdo, mas pensando em vender algo futuramente, é importante ter uma conta comercial.

Veja o que é importante pensar para preparar a sua conta no TikTok:

- Um *username* simples, curto e memorável. E o principal: conhecido.

- Um avatar original baseado no logotipo da sua marca ou imagem que está sendo trabalhada no momento.

- Descrição criativa do perfil, que passe autoridade e case com o link logo abaixo.

Os tópicos a seguir são um passo a passo para você iniciar a presença da sua marca no TikTok:

- Crie uma ação de lançamento.

- Crie uma ação para as pessoas o seguirem, na descrição.

- Vincule seu canal do YouTube e seu perfil do Instagram.

- Ative a base de seguidores de outras redes sociais.

- Siga pessoas relevantes do seu nicho no TikTok.

- Não esqueça de divulgar sua conta para a sua base de contatos via e-mail marketing.

- Escolha uma parte da sua marca para ser a sua brand persona na plataforma.

- Interaja com outros usuários da rede.

É muito importante lembrar que todo mundo começa com zero seguidores no TikTok. Só que, como você já percebeu, o grande diferencial do TikTok é o **alto grau viral das publicações**.

Se você quer que a audiência da sua marca cresça rapidamente, já de largada, eu lhe recomendo que no primeiro mês poste duas vezes por dia, sempre com uma palavra-chave na descrição do vídeo que tenha relação com o tema em que você quer aumentar a autoridade.

No segundo mês, faça um *post* por dia. No terceiro em diante, três *posts* por semana. Sempre dentro do nicho que você quer realmente conquistar autoridade.

HASHTAGS SÃO MUITO IMPORTANTES

Assim como um dia as *hashtags* foram um diferencial importante no Twitter e no Instagram, agora elas fazem toda a diferença no TikTok. Elas são capazes de aumentar muito a sua base de seguidores, pois exponencializam a sua presença, então é fundamental seguir o checklist abaixo:

- Use *hashtags* específicas do seu público.
- Veja as *hashtags* usadas pelos influenciadores.
- Observe os seus concorrentes.
- Fique atento às *trends*.
- Use as ferramentas Seekmetrics e All Hashtag para otimizar o seu trabalho.

DEZ FATORES PARA A SUA MARCA SER AUTORIDADE NO TIKTOK

1. O conteúdo da marca tem que estar contextualizado com a **tendência do momento**, seja ela música, *hashtag*, dueto...

   Uma dica, por exemplo, é colocar a música do momento no volume baixo se você fizer um vídeo falando. Dessa forma, mesmo um conteúdo sério pode estar facilmente contextualizado no que está bombando.

2. A sua marca tem que ter um grau de entretenimento e produzir um **conteúdo mais leve**. Busque inspiração no próprio TikTok, tanto em contas do seu nicho, como no que

está em alta, para encontrar uma forma de transformar o que é denso em uma linguagem leve.

Tutoriais e conteúdos de passo a passo são formatos muito bons e que podem agregar leveza à sua marca no TikTok.

3. O engajamento envolve muito a questão de usar **elementos no vídeo**. Elementos que conversam com o tema, com a velocidade e com a música (as famosas transições).

Os vídeos que mais têm engajamento são os que casam conteúdo relevante para um nicho com a música em alta e usando transições criativas.

O legal é que o próprio TikTok mostra alguns modelos pré-prontos que você pode usar para aproveitar a onda do momento.

4. O TikTok tem um poder de viralização muito grande, então é importante nichar. Se você começar a falar de tudo, a sua marca vai atrair uma audiência não qualificada para seus objetivos.

É a velha questão que acontece muito principalmente no Instagram, de gente que sorteia iPhone para ganhar seguidores: vai atrair um monte de pessoas interessadas no produto, mas que não têm relação nem com o que a marca vende, nem com o conteúdo que publica nas redes sociais.

Como você nicha o conteúdo?

Trabalhando título, legenda e *hashtags* com palavras-chaves do seu nicho.

Aliás, o título é o aspecto mais importante para você viralizar. Então é importante que, já no título, tenha uma palavra-chave relevante para o seu público-alvo.

Por exemplo: se eu fizer vídeos no TikTok sobre Autoridade Digital, eu devo trabalhar sempre nos títulos as palavras-chave Autoridade Digital.

5. O conteúdo precisa ser curto. Por mais que a duração máxima atualmente seja de três minutos, já vimos que é bom se manter dentro de 30 segundos. Então, **seja sucinto com a sua mensagem**.

6. Valorize a leitura escaneada. Esse termo vem de um estudo de marketing digital que mostra que, quanto mais elementos gráficos você fornece em páginas da web e *posts* nas redes sociais, mais fácil fica para os usuários consumirem o conteúdo.

   Vídeos que fazem muito sucesso no TikTok trazem informações escritas e infografia enquanto a pessoa está falando.

   Então, **aposte em elementos visuais** e traga a leitura escaneada para os seus vídeos.

7. Fator surpresa. Vídeos que surpreendem já nos primeiros segundos têm grandes chances de viralizar. Lembre-se do **soco de informação** que mencionei no capítulo do Facebook.

8. Faça vídeos com transições criativas. As transições são muito importantes para tornar o conteúdo mais dinâmico.

   Para não fazer um vídeo corrido, tente trazer informações em listas e tutoriais.

   Por exemplo: "Cinco passos para fazer X" ou "Dez aspectos sobre Y". Faça com que a mudança de uma informação para outra seja uma **transição criativa**. Dê velocidade para o que está sendo falado e aumente as chances de impactar as pessoas.

9. Velocidade é a chave. O vídeo tem que ser veloz e, de preferência, com música. Lembrando que o TikTok nasceu como **aplicativo de dublagem** (se chamava Musical.ly antes de ser comprado pela ByteDance).

10. **10)** Por fim, mas não menos importante: foque descobrir as **músicas que estão em alta**, porque o próprio TikTok divulga mais os vídeos que as utilizam. Dessa forma, seus vídeos crescem junto com o empurrãozinho que o TikTok dá.

RESUMO PARA CRESCER RÁPIDO NO TIKTOK

1. Entre em desafios e *trends* virais.

2. Diversifique as *hashtags*.

3. Analise os concorrentes na plataforma.

4. Identifique as suas horas mágicas.

5. Publique muito no primeiro mês.

6. Conteúdo: Tendência / Entretenimento / Engajamento / Nicho / Sucinto.

Aplicar esses seis tópicos aliados com as melhores práticas que mostro a seguir, e evitando o que não de deve ser feito, vai proporcionar importantes diferenciais competitivos para a sua marca pessoal no TikTok.

O que fazer no marketing do TikTok:

- Incorpore as últimas tendências em seus TikToks.

- Promova seus TikToks com as *hashtags* certas e sons para o seu público-alvo.

- Deixe que outras marcas se inspirem com seu conteúdo.

- Infunda seu TikTok com a voz da sua marca exclusiva e estilo.

- Atenha-se a uma cadência de postagem regular para aumentar continuamente seus seguidores.

- Faça parceria com influenciadores do TikTok que compartilhem crenças similares às suas.

- Seja um bom membro da comunidade comentando e promovendo postagens de outros usuários.

- Aproveite todos os efeitos que as ferramentas de edição do TikTok têm a oferecer (isso aumenta a visibilidade no algoritmo).

- Seja um criador de tendências, e não apenas um seguidor de tendências.

- Incorpore seu conteúdo de marca naturalmente.

O que não fazer no TikTok:

- Não crie conteúdo que promova comportamento nocivo ou inseguro.

- Não faça parceria com influenciadores sem antes examinar bem os comportamentos deles.

- Não fique copiando os TikToks que outras marcas estão criando.

- Não tenha uma mente orientada pela escassez: veja outras marcas como fontes de inspiração, não como concorrência.

- Não crie uma presença forçada ou inautêntica no TikTok.

- Jamais aposte apenas no mesmo tipo do conteúdo.

- Não perca tempo: junte-se às tendências quando estão em alta, e não depois de já terem executado seu curso na plataforma.

- Jamais viole as diretrizes da comunidade TikTok.

QUEM CHEGA PRIMEIRO BEBE ÁGUA LIMPA NO TIKTOK

Sim, o TikTok também oferece a possibilidade de fazer anúncios! E poucas marcas estão aproveitando isso!

Como o número de anunciantes ainda é baixo por lá, você vai pagar barato pelos anúncios até que as marcas comecem a se dar conta das oportunidades que existem na plataforma.

Agora, não basta fazer qualquer anúncio. Comparando com outras redes sociais em que muitos *players* já estão produzindo conteúdo e anunciando, o que vai fazer sua marca crescer mais pagando menos é anunciar em cima do seu público-alvo.

Também não deixe de explorar novos recursos, como lives e efeitos. Lembrando que quem chega primeiro sempre bebe água limpa. E no TikTok isso não é diferente.

Bom uso!

COMPARTILHE EM SEUS STORIES

INFLUENCIAR É SOBRE TRAZER UMA PEQUENA TRANSFORMAÇÃO NA VIDA DO OUTRO!

@TERRADORAFAEL

GUIA RÁPIDO: 30 TIPOS DE CONTEÚDOS QUE AUMENTAM A SUA AUTORIDADE DIGITAL

Agora que você já passou pelos capítulos de editorias de conteúdo e detalhes das principais redes sociais, separei os 30 tipos de conteúdos que aumentam a Autoridade Digital da sua marca pessoal, em formato de lista.

O intuito deste capítulo é servir como um **guia rápido** para você consultar em diferentes momentos da sua jornada.

Quero lembrar que nós somos interessantes quando falamos sobre os interesses do outro, do público-alvo. Ou seja: os resultados acontecem quando você une a própria expertise com o que é importante para o seu cliente.

Acredito que você tenha se inspirado bastante antes de chegar até aqui e aprendido muitas coisas novas. Então, estes dois capítulos são para facilitar o seu dia a dia recapitulando temas importantes de modo resumido.

Os conteúdos a seguir podem ser feitos para qualquer formato. Opte pela linguagem com que você se sinta mais confortável e *bora* lá!

1) COMO VOCÊ CHEGOU AONDE CHEGOU?

As pessoas amam ter um modelo para seguir. Então é muito importante em algum momento você contar a sua história, os marcos da sua história, o que fez você estar onde você está agora.

A famosa Jornada do Herói, do autor Joseph Campbell, é muito importante para aprimorar isso. Esse caminho com erros e acertos é bem interessante para você aumentar a sua autoridade na mente do seu *prospect*.

2) A SUA OPINIÃO

Toda autoridade é assim reconhecida porque tem opinião, porque soma.

Então, pegue as notícias do seu mercado e opine sobre os assuntos. Eu digo que não é sobre informar, é sobre engajar, e você engaja quando traz o tema para a vida do seu seguidor, mas principalmente explicando o que você acha sobre o tema.

A opinião também tem a ver com ter uma causa forte, pelo menos. Quando você divide as suas causas com o público, gera identificação, e isso se traduz em compartilhamento.

Afinal, as pessoas amam compartilhar aquilo que não tiveram coragem de falar.

Quando vemos um *post* em que alguém "falou pela gente", temos vontade de compartilhar. E quando alguém compartilha o seu *post*, a pessoa está aumentando a visibilidade da sua autoridade, então a sua opinião sobre o que envolve o seu nicho é muito importante.

Eu diria que é legal fazer esse *post* em formato de frase, para facilitar o compartilhamento.

3) OS SEUS RESULTADOS

Não tenha medo de compartilhar os seus resultados — são eles que vão validar a confiabilidade da sua marca. Existe uma mística de que a gente tem que guardar o que pode despertar inveja, mas no jogo da Autoridade Digital não existe isso.

Quanto mais mostra resultados, sejam eles econômicos ou conquistas, você faz com que mais pessoas confiem no teu trabalho. A verdade é que a gente quer estar ao lado de marcas vitoriosas.

A vitória é a melhor propaganda: as pessoas querem tirar foto com quem está no pódio. É fato!

Então, afaste místicas e não tenha medo de mostrar seus resultados — obviamente que sempre de forma estratégica.

4) DÊ UM MODELO PRONTO PARA APLICAÇÃO

Fornecer modelos que você usa no dia a dia prontos para que a sua audiência também use é um formato de conteúdo que gera bastante engajamento e fortalece a sua autoridade.

Eu, por exemplo, trabalho com redes sociais e eventualmente compartilho modelos de proposta para prospectar esses serviços, *templates* de relatórios etc. São os tipos de conteúdos com que eu mais tenho engajamento, porque são validados — eu já usei na minha empresa —, e eu dou em formato de passo a passo para facilitar o trabalho dos meus seguidores.

As pessoas amam ter um modelo validado para seguir!

Nesse tipo de conteúdo, vale compartilhar planilhas, tabelas, relatórios, fórmulas... tudo o que tenha a ver com o seu nicho.

5) ANTECIPAÇÃO E CONQUISTA

Um tipo de conteúdo muito interessante é criar um *storytelling* de antecipação e conquista. Antecipe um projeto que você vai criar e mostre o que você está fazendo para conquistar o seu objetivo.

Digamos que você vai criar um evento na sua área. Pergunte quem tem interesse (já vá gerando *leads*), depois divulgue a data do evento e o local onde vai ser. Percebe? Você vai criando o *storytelling* ao longo de todo o lançamento.

Quem faz muita antecipação e conquista é a Apple. Antes de lançar um novo iPhone, a Apple sempre faz um evento para mostrar o que vem por aí. Isso é bem interessante para a autoridade porque coloca as pessoas em uma espécie de novela: elas ficam conectadas para ver o próximo passo. E isso mostra a marca em ação. Por isso as pessoas amam acompanhar esse tipo de conteúdo.

6) PROVAS SOCIAIS

Esse tipo de conteúdo tem que ser o dia a dia de uma marca que quer ser autoridade no seu nicho de mercado. É um conteúdo principalmente para mostrar rotineiramente nos Stories.

Então, quando começa a gerar conteúdo pensando em ser uma Autoridade Digital, as pessoas passam a compartilhar seus conteúdos e a mostrar os resultados que conquistam graças ao seu produto ou serviço. É essencial você compartilhar os resultados delas, o que elas falam de você.

Então, prova social é tudo que vem do outro: prêmios que você ganhou, certificações que você tem, depoimentos de clientes etc.

Outra coisa que você pode fazer que é bem interessante, principalmente no Instagram, é aproveitar o dia de #TBT (#ThrowbackThursday), às quintas-feiras, e lembrar marcos da sua carreira. Isso é importante também porque você vai ganhando novos seguidores que estão o conhecendo aos poucos, conectando o público com histórias e conquistas que talvez muitos ainda não conheçam.

7) ANTES E DEPOIS

"Antes e depois" são conteúdos maravilhosos para autoridades porque mostram como algo era antes da sua solução e como ficou depois.

Quem deve usar muito isso são profissionais de áreas como estética e beleza, arquitetura, moda, enfim, tudo o que é muito visual!

Tem uma dentista que usa muito isso, que é a Dra. Nayane Pacheco (@dranayanepacheco). O Instagram dela pode servir como referência para você, porque o "antes e depois", além de criar autoridade, mexe com o imaginário do público, que pensa: "Se essa pessoa conquistou X, eu também posso conquistar". E gerar esse sentimento é muito interessante!

8) AFASTE O MEDO DAS PESSOAS

É muito bacana quando uma pessoa em quem confiamos ajuda a afastar os nossos medos.

Quais são os medos que rondam a cabeça do seu público-alvo? Afaste esses medos, mostre o outro lado, a realidade do mercado.

Pense nisto: as pessoas valorizam muito quem afasta os medos delas. Quando o medo morre, conquistar os objetivos fica mais próximo de quem estava paralisado pelo medo.

Quem quer ser autoridade tem que estar sempre matando o medo e encorajando pessoas por meio de conteúdo relevante. Veja a dica a seguir.

9) APROXIMAR AS PESSOAS DOS SONHOS DELAS

Isso é muito importante! Eu digo que cada *post* que uma Autoridade Digital faz no digital tem que ser uma ponte para a conquista do objetivo daquele seguidor.

Imagine o seguinte: se a pessoa o segue nas redes sociais, ela tem o objetivo de conquistar algo e entende que você pode ajudá-la nisso.

Você tem que ser um facilitador dos sonhos da sua audiência. Pense se seu conteúdo está realmente aproximando as pessoas dos sonhos delas.

10) NÃO TENHA A SÍNDROME DO ESPECIALISTA

Você tem que entender que, no digital, você não está mais falando **apenas** com seus colegas de faculdade e de mercado. Você está falando com um público leigo.

Apegue-se às dúvidas do público.

Pelo menos uma vez por mês, vasculhe o que as pessoas estão perguntando no Google, abra caixinhas de perguntas no Instagram e no TikTok: faça uma busca ativa para que as dúvidas venham até você, e seja a marca responsável por responder a todo o público o que precisa ser respondido.

De novo: não deixe esse conteúdo morrer nos Stories, traga as respostas também para o *feed*.

O TikTok tem um recurso bem interessante, com o qual você pode pegar as dúvidas nos comentários para respondê-las em vídeo no seu perfil.

Então, responder as pessoas tem que ser uma editoria de conteúdo permanente para a sua marca. E não limite as respostas somente aos Stories, leve-as para o *feed* também, pois é nele que a sua marca realmente cresce.

NÃO TENHA A SÍNDROME DO ESPECIALISTA: AQUELE PROFISSIONAL QUE FALA DIFÍCIL, COM TERMOS TÉCNICOS, E ACHA QUE PARECER BOM TEM QUE SER COMPLEXO. PRODUZA CONTEÚDO SOBRE AS COISAS MAIS SIMPLES DO SEU MERCADO, POIS TEM QUE SER RELEVANTE PARA O SEU CLIENTE, E NÃO PARA O SEU COLEGUINHA DE PROFISSÃO. TALVEZ UMA GOTINHA DAQUILO QUE VOCÊ SABE SEJA UM OCEANO PARA QUEM NÃO DOMINA A SUA ÁREA!

11) COLABS COM CLIENTES E PARCEIROS DE NEGÓCIOS

Eu costumo dizer que a melhor forma de engajar alguém é falar sobre esse alguém. Fazendo isso, você dá protagonismo para essa pessoa, e ela sente o desejo de compartilhar.

Então, atualmente a gente tem um recurso maravilhoso no Instagram, as collabs, que permitem que você marque uma conta como colaboradora. O *post* aparece nos perfis da sua marca e de quem fez a colaboração com você.

Chame clientes para produzir conteúdo em conjunto. Conte como ele conseguiu o resultado a partir do seu produto ou serviço, transforme em *case* e faça uma colab.

Não tenha dúvida de que a pessoa vai se engajar e se orgulhar dos holofotes que você proporcionou, além dos resultados que você proporcionou, é claro!

12) COMO É O DIA A DIA DE UMA PESSOA NO SEU NICHO?

Lembre-se: quando você vira uma Autoridade Digital, as pessoas o admiram e, por consequência, ficam curiosas para conhecer melhor o seu dia a dia.

Não estou dizendo que você precisa ficar diariamente nos Stories mostrando a sua rotina, muito pelo contrário, pois seria uma exposição excessiva e prejudicial. Mas de vez em quando, mostrar os bastidores da rotina é algo bem interessante.

De novo: talvez você nem saiba, mas muito provavelmente tem alguém se espelhando em você. Esse dia a dia inspiracional é superinteressante.

Você também pode fazer conteúdo em Reels para mostrar detalhes da sua rotina.

13) O QUE VOCÊ FARIA SE TIVESSE QUE INICIAR DO ZERO?

Você começou do zero antes de se tornar uma Autoridade Digital. E se você começasse hoje, que dica daria para o seu público?

O influenciador Thiago Nigro, mais conhecido como O Primo Rico, fez um vídeo contando o que ele faria se tivesse que começar de novo, e inclusive ele fala que iniciaria produzindo conteúdo para o YouTube, que foi a rede social em que ele cresceu.

Adivinhe? Esse é um dos vídeos mais assistidos do canal dele.

Isso é bem importante porque você precisa lembrar que atingiu o patamar de Autoridade Digital, mas muitas pessoas estão se inspirando em você e não sabem por onde começar. Elas vão lhe agradecer imensamente se você apontar um caminho.

E lembrando: quem aponta caminhos é autoridade.

14) O QUE VOCÊ GOSTARIA DE SABER QUANDO COMEÇOU?

É a famosa pergunta de milhões. Eu costumo dizer que a melhor forma de acelerar o crescimento é aprender com os erros e acertos de pessoas da nossa própria área.

Ou seja: quando alguém nos conta o que gostaria de saber quando começou e compartilha ensinamentos a partir das suas vivências, isso aproxima muito o desejo da conquista.

Pense no que você gostaria de saber antes de iniciar e compartilhe com o seu público. Você estará contribuindo para o crescimento das pessoas que o percebem como autoridade no assunto. E isso não tem preço!

15) DESAFIE O PÚBLICO A CONQUISTAR ALGO

Esse tipo de conteúdo é muito interessante porque você coloca a sua autoridade à prova. Quando desafia alguém a conquistar algo com o caminho que você deu, isso mostra que você sabe o que está falando.

Obviamente que a marca precisa ter muita confiança, porque pode ter pessoas que não conseguirão. Então você coloca a sua prova social em risco. Essa abordagem é bem interessante para usar em grupos de WhatsApp, por exemplo, e profissionais de nutrição costumam fazer muito isso.

O legal é que o pessoal vai compartilhando resultados, o que encoraja mais e mais pessoas. E isso vai gerar o quê? Novos depoimentos que inflam a confiança de interessados na sua marca, pois comprovam que o que você ensina realmente dá resultado.

Aposte nesse tipo de conteúdo quando tiver muita confiança e resultados comprovados.

16) A VIRADA DE CHAVE

Todo mundo tem aquele momento em que a chave virou. Ou seja: tudo mudou porque a sua mentalidade mudou. E isso é bem importante de ser contado, porque quando conta esse momento, você inspira outras pessoas.

Sua marca se torna mais humanizada porque você está contando uma história pessoal. É bem legal trabalhar esse conteúdo com uma foto sua, em vez de *card* de frase, e conte tudo na legenda.

Essa é uma abordagem com um grande potencial viral, pois gera conexão com o público e, obviamente, fortalece a autoridade, porque mostra como você acelerou os resultados quando teve uma mudança impactante na sua vida.

17) TURMINHA

Diga-me com quem andas e te direi quem és é uma frase válida também no digital. Então, mostrar com quem você anda e fazer conteúdo com pessoas do seu nicho que você admira trazem muito engajamento e reputação para a sua marca.

Veja este conteúdo que eu fiz com a Martha Gabriel, que já mencionei no começo deste livro, e com o Rafael Kiso, fundador e CMO da mLabs.

A Martha e o meu xará Rafael são autoridades muito respeitadas no digital, então isso gera uma reputação de marca muito grande. Pense nisso ao fazer parcerias!

18) APRESENTE DADOS

Dizem que contra fatos não há argumentos. E os dados são os fatos, pois eles comprovam o que está sendo falado.

Então trabalhe com estudos e pesquisas do seu mercado, pois isso mostra que você é uma fonte confiável para se informar, e não apenas fala sobre questões estritamente pessoais. Isso também possibilita que o seu pensamento fique alinhado ao que as pesquisas estão comprovando.

19) ATACAR INIMIGOS EM COMUM

Na primeira vez que eu falei sobre atacar os inimigos eu destaquei isso, e agora reforço: não estou falando de atacar pessoas, e sim de atacar dúvidas, receios, dificuldades que travam os seus seguidores na hora de trilhar o caminho rumo aos próprios objetivos.

Quais são os inimigos que estão impondo desafios aos seus clientes e seguidores? Ataque com dicas relevantes para que eles superem os obstáculos e, assim, você aumenta a sua autoridade.

20) FALE SOBRE AS SUAS CRENÇAS

Eu falei bastante nos capítulos iniciais sobre como nós, seres humanos, temos um comportamento tribal. Gostamos de estar perto "dos nossos", de pessoas que pensam e agem de modo parecido como agimos.

Reflita: no que você acredita? Qual é a sua forma de ver a vida?

Quando falo em crenças, não necessariamente me refiro a crenças religiosas, mas a qual é a sua perspectiva sobre a vida, sobre o seu mercado, sobre o seu estilo de vida. Então é bem importante falar sobre as suas crenças, especialmente se elas impactam a sua forma de trabalhar.

Digamos que você tenha um estilo de vida minimalista. Pense em como você aplica o minimalismo ao seu trabalho e fale sobre isso. Inspire o seu nicho a adotar uma perspectiva minimalista se você entende que pode gerar ganhos de qualidade de vida e produtividade para o seu público.

21) TUTORIAL: COMO IR DE X A Y

As pessoas amam passo a passo. Então, mostre por exemplo como você saiu de um faturamento mensal de R$ 10.000,00 para R$ 100.000,00 em quatro meses.

Como você exponencializou tanto em tão pouco tempo? Comprove para a sua audiência em formato de tutorial.

Fale sobre a mudança de mindset, de ferramentas, de todos os recursos que lhe permitiram alavancar a sua marca de modo significativo em um curto período de tempo.

Isso obviamente é entregar o ouro, mas como eu mostrei ao longo deste livro, entregar o ouro é o que transforma as marcas em autoridades. Lembre-se de que marcas que fazem conteúdo miserável não vão longe.

22) O QUE ESTÁ ULTRAPASSADO NO SEU NICHO?

Investir nesse tipo de conteúdo é muito interessante porque mostra que a sua marca realmente está conectada com o nicho em que atua.

Quando fala para as pessoas: "Olha, isso já funcionou, mas agora não funciona mais", você mostra que acompanha a evolução do seu mercado e sabe o que realmente traz resultados atualmente.

Tem coisas que param de funcionar em vários nichos, e muita gente tem medo de falar sobre isso, o que torna interessante ser a marca corajosa que consegue comprovar que determinadas práticas deixaram de ser efetivas no seu mercado.

23) A ARQUITETURA DA SUA MARCA

Todo mundo acha que é muito legal trabalhar no Google não só por ser uma empresa superdisruptiva, mas também porque tem escritórios inovadores que chamam a atenção. Isso é o que eu chamo de arquitetura de marca.

Mostrar a arquitetura da sua marca é uma forma de compartilhar os bastidores do seu negócio e aproxima as pessoas do seu ambiente.

Não necessariamente você precisa aparecer em todas as fotos nos seus conteúdos, mas pode aparecer em *posts* sobre o seu escritório que façam você ser quem realmente é.

Certa vez eu atendi um cliente que gosta muito de jogar tênis, e ele me contou como praticar esse esporte impacta no trabalho dele. Então eu o orientei a compartilhar como a filosofia do tênis e a rotina dele praticando-o são combustíveis para que ele seja bem-sucedido no que faz.

Percebe? Essa é uma forma de até mesmo unir seus hobbies e alavancar a humanização da marca.

24) MASTERCLASS

Coloque a masterclass no seu planejamento de conteúdo. Indico que faça as aulas ao vivo pela plataforma Sympla. Elas podem ser tanto pagas quanto gratuitas, e isso gera uma grande reputação.

Você vai convidar o público para o escutar sobre um tema que você domina e vai gerar depoimentos espontâneos dos seus alunos.

Além disso, a palavra "masterclass" é muito mais impactante do que "live" ou "webinário", então prepare algo bem especial, pois o próprio nome já chama atenção por ser um momento em que você vai entregar conteúdos de alto valor agregado, aumentando muito a captação de *leads*.

25) VOCÊ EM SITUAÇÕES COTIDIANAS

Nós estamos falando sobre marcas pessoais, e todo ser humano tem vida pessoal: pets, família, amores, desafetos... Então, de vez em quando, de modo estratégico, publique algo bem pessoal para mostrar o lado mais humano da sua marca.

De novo: pessoas se conectam com pessoas, não com logotipos.

Tenha, sim, bastante cuidado com o que você posta, tanto para proteger a sua privacidade e a de pessoas com quem você convive, mas também para não ferir o outro. As questões mais simples da humanidade, os sentimentos genuínos de felicidade e tristeza, os aspectos cotidianos, tudo isso gera muita conexão entre as pessoas.

Mostrar-se vulnerável também pode ser algo positivo para a sua marca em situações estratégicas. É o famoso "aparecer sem maquiagem".

26) DEMONSTRAÇÕES DE PRODUTOS E SERVIÇOS

Bom, já diria o Faustão: "Quem sabe faz ao vivo!"

Mostrar a entrega do seu produto ou serviço ao vivo ou em formato de vídeo traz uma legitimidade muito grande. Isso mostra na prática a sua geração de valor, pois tem muita gente que fala, mas não entrega o que diz.

27) REAPROVEITE UM *POST* VIRAL

Uma coisa que você pode fazer ao usar ferramentas de gestão de redes sociais e avaliar frequentemente as métricas é atualizar um conteúdo que deu muito certo no passado.

Reaproveite o que deu certo trazendo novos dados ou novas perspectivas sobre o que você publicou no passado e teve muito engajamento.

28) QUAIS SÃO AS SUAS REFERÊNCIAS?

Não posso deixar de repetir: uma das funções da marca que almeja ser Autoridade Digital é diminuir caminho, reduzir os desafios na jornada do seu cliente, para que ele se aproxime dos próprios objetivos.

O próprio Arthur Bender, que assina o prefácio deste livro, traz muito isso no Instagram dele, ao compartilhar indicações de livros e profissionais em quem ele confia, para que os seguidores façam escolhas melhores.

Entretanto, limitar as referências é um grande poder que as Autoridades Digitais precisam ter. Eu costumo dizer que tão importante quanto ter referências é limitar as referências.

Por isso, não seja aquela pessoa que segue 1 milhão de contas, ou que faz 1 milhão de cursos, e não aplica nada que aprende.

29) ERROS DE INICIANTES NO SEU SETOR

Se você aponta erros, é porque você já acertou. E mais do que ganhar, as pessoas não gostam de perder.

Todo conteúdo que ajuda as pessoas a não cometerem erros cria uma autoridade muito grande. Você, como Autoridade Digital de um nicho, tem que ter em mente os erros que iniciantes no seu mercado não podem cometer.

30) ANTECIPAR TENDÊNCIAS

Posicione-se como uma marca inovadora e sempre atenta às rápidas mudanças do mercado.

Indico que você faça conteúdos especiais duas vezes por ano para antecipar tendências: uma vez no fim do ano, para falar sobre o que vem por aí no ano seguinte; e outra no meio do ano, para antecipar o que vem forte no segundo semestre do ano vigente.

COMPARTILHE EM SEUS STORIES

VIVEMOS A ERA DA HUMANIZAÇÃO DAS MARCAS.

QUANDO VOCÊ UNE A SUA EXPERTISE COM A SUA HISTÓRIA, VOCÊ CRIA EMPATIA.

@TERRADORAFAEL

COMO VIRAR NOTÍCIA NA MÍDIA E AUMENTAR A SUA AUTORIDADE DIGITAL

Agora vamos falar do assunto que eleva a reputação de Autoridade Digital para o nível de **Autoridade Celebridade**.

Esse é o status sempre lembrado por jornalistas na hora de fazer matérias sobre o seu mercado de atuação. A Autoridade Celebridade também é sempre disputada por eventos da área para palestrar no palco principal.

Nas mídias sociais, todo mundo tem chances reais de se destacar, pois a barreira de entrada não existe. Afinal, as plataformas mais relevantes são gratuitas.

No entanto, para ser destaque na mídia tradicional, a barreira existe, e é difícil de ultrapassá-la sem pagar para anunciar. Só que melhor do que anunciar é ser lembrado como fonte de matérias e entrevistas em programas tradicionais, pois isso é o que mais aumenta a autoridade das marcas pessoais.

Veja três opções para alavancar esse processo:

Contrate assessoria de imprensa. Essas empresas têm a expertise de transformar marcas pessoais e empresariais em assunto na mídia, em notícia espontânea.

Use sites como o Dino.com.br. O Dino e outros similares têm parcerias com grandes portais de notícia, como *Estadão*, *Exame*, *Folha de S. Paulo* e Terra. Funciona assim: você paga pelo serviço seguindo as regras do site, a curadoria aprova sem nenhum problema se você respeitar as instruções, e a sua marca é publicada em grandes portais.

Claro que você não vai ser a capa desses portais nem ocupar os espaços mais nobres. Mas, então, o que você faz? Pega a matéria e a compartilha nas redes sociais dizendo que você está na *Exame* e/ou nas demais plataformas disponíveis.

Isso fortalece muito seu branding pessoal e vai servindo, tijolo sobre tijolo, para que você construa a sua pirâmide da Autoridade Digital, chegue ao topo e se torne a Autoridade Celebridade!

E mais do que isso: as pessoas que procurarem o seu nome no Google verão que você foi notícia nesses grandes portais.

Obviamente, você não vai pagar todas as semanas para sair nesses portais. Caso contrário, soaria muito falso estar sempre nos mesmos sites e, mais do que isso, você gastaria muito dinheiro aplicando somente essa estratégia.

Faça isso nos momentos mais importantes para a sua marca, quando você tem algo de grande relevância para falar.

Faça você mesmo. Arregace as mangas e vá atrás dos jornalistas para sua marca ser conhecida. Siga estes passos práticos para aplicar a estratégia de ser visto pela mídia e obter mais sucesso para a sua marca:

1. Liste todos os sites, jornais, revistas, colunistas, programas de TV do seu mercado.

2. Escreva um artigo casado com algo que esteja acontecendo no mundo.

3. Ofereça gratuitamente o artigo para os veículos que você listou. Você vai tentar com dezenas, mas a maioria vai negar ou nem vai responder. Mas se apenas um publicar, você já está no lucro. E o melhor: lucrou sem pagar nada. Pouco a pouco você vai conquistando novos espaços.

Por que é importante fazer um artigo conectado a algo do momento?

Porque os veículos de mídia tradicional estão sempre pautados pelo que está acontecendo. Se você fizer um texto apenas vendendo suas soluções, isso será publicidade, não terá nenhuma conexão com o interesse público e, por esse motivo, não será publicado pela imprensa.

1. Descubra os jornalistas da sua área. O LinkedIn é o melhor lugar para descobrir isso. Pesquise lá termos como *Jornalista Economia, Jornalista Saúde, Jornalista Bem-Estar, Jornalista focado em Meio Ambiente, Jornalista rural*. Comece um relacionamento genuíno com esses profissionais.

2. Olhe o seu mercado no exterior. O que está bombando na sua área nos Estados Unidos? E na Europa? Seja o primeiro a falar sobre algo que esteja bombando lá fora.

No passado, eu trabalhei com um escritório de advocacia quando eu estava à frente da minha agência, a Fabulosa Ideia, e a gente percebeu que nos EUA estavam em alta os escritórios fazerem *open office*.

O *open office* consiste em deixar as portas abertas para que estudantes e profissionais do mercado visitassem as empresas. Então o escritório realizou um *open office* e foi capa do caderno de empregos do *Zero Hora*, o maior jornal do Sul do Brasil, porque inovou ao ser o primeiro escritório de Porto Alegre a fazer um *open office*.

O jornalismo gosta de novidades. Seja você a primeira marca pessoal a trazer a informação para o seu mercado no Brasil (ou no seu estado, ou na sua cidade) e conte para os jornalistas.

Se viajar para o exterior, direcione o olhar também para o que está acontecendo no seu mercado nos países que visitar. Pesquise no Google "Rafael Terra Japão" e verá um exemplo meu na prática.

Em 2019, eu fui ao Japão realizar o sonho de conhecer a Terra do Sol Nascente. E trouxe na bagagem aprendizados sobre empreendedorismo e marketing digital.

Escrevi um artigo chamado "16 aprendizados sobre empreendedorismo e marketing digital direto do Japão" e fui publicado por vários portais. Isso sem falar nas experiências que compartilhei no meu Instagram, sempre tendo em mente o que o meu público-alvo gostaria de ver.

ARTIGO

Hey! Artigos podem ser enviados para geracaoe@jornaldocomercio.com.br.

16 aprendizados sobre empreendedorismo e marketing direto do Japão

Rafael Terra, especialista em marketing digital e CEO da Fabulosa Ideia, viaja anualmente para lugares em busca de tendências para aplicar nos negócios e ensinar em suas aulas. No ano passado, foi ao Vale do Silício. Neste ano, ao Japão.

RAFAEL TERRA
rafael.terra@fabulosaideia.com.br

1. A crença em si mesmo
"Você é o único responsável pelas suas conquistas e derrotas". Esta frase é um mantra no Japão e muito utilizada no empreendedorismo. Os japoneses não esperam nada de governantes, consultores ou divindades. Para eles, o sucesso nasce unicamente do próprio esforço.

2. Arigato gozaimasu x Customer experience
A expressão que você mais escutará no Japão, em todos os lugares, é "Arigato gozaimasu". Ou seja: muito obrigado! Além de transmitir uma educação profunda, isso reflete na experiência do cliente. Você pode entrar em uma loja e não comprar nadinha, mesmo assim você escutará do vendedor com um sorriso no rosto o "Arigato gozaimasu".

3. Pet cafés
Os japoneses amam tudo o que é "fofo". E a nova moda fofa são os cafés e casas de chá com animais para entreter a clientela. Há cafés com corujas, gatos, coelhos e até com ouriço.

4. Arte digital e sensorial
Tóquio possui o primeiro museu do mundo a ser completamente digital, o Mori Building Digital Art Museum. O espaço cria uma imersão total do espectador nas obras e nas histórias. É uma grande tendência mundial, e, cada vez mais, veremos arte digital flertar com grandes marcas.

5. Lugares instagramáveis
Os japoneses sabem o poder de uma boa foto no Instagram. E a maioria dos estabelecimentos dão motivos para que isso ocorra com espaços "diferentões" e feitos especialmente para os cliques.

6. Restaurante sem garçom e Hanbaiki
Em cada esquina do Japão, ou até no meio do nada, você encontrará uma Hanbaiki: máquinas automáticas de vendas. Elas vendem desde água até roupa. Aliás, que tal escolher seu prato diretamente de uma máquina, sem a necessidade de garçons? Esta também é uma realidade por lá.

7. O futuro são os carros de plástico
O primeiro carro do mundo feito com 90% de plástico foi apresentado no Japão, desenvolvido por uma equipe da Universidade de Tóquio. Graças ao uso de vários tipos de plásticos, foi possível reduzir o peso do veículo em 40%, o que economiza combustível.

8. Manga marketing e promoção da cultura pop
O governo do Japão espera 20 milhões de turistas estrangeiros para as Olimpíadas de 2020 e, para isso, está explorando o fenômeno do turismo Otaku. É basicamente o turismo gerado por fãs de anime que viajam para visitar os locais onde seu anime favorito acontece.

9. Estratégia no Yahoo
Diferente dos brasileiros que preferem o Google, o buscador dos japoneses é o Yahoo! A dica aqui é usar mais o "Yahoo Respostas", que é uma das formas de otimizar a sua empresa no Google através de perguntas e respostas nesta ferramenta.

10. Privadas inteligentes
As privadas do Japão são uma experiência em si. Há algumas funcionalidades únicas, como assentos aquecidos, trilha sonora, desodorizador e chuveirinhos com jatos ajustáveis. Um mercado ainda não explorado no Brasil.

11. A arte da comida fake
Dizem que comemos primeiro pelos olhos, e os japoneses levam isso ao pé da letra. Todo cardápio por lá tem uma versão de "comida plástica" que expõe com riqueza de detalhes o prato em si.

12. Crie coisas que o mundo nunca viu
Esta é missão da startup japonesa Seven Dreamers Laboratories. Fundada em 2014, já fez avanços nas áreas de saúde e robótica. Desde robôs que cozinham até aqueles que fazem o seu bebê dormir.

13. Tecnologia háptica
Muito se fala em realidade virtual, e o Japão está bem à frente nisso. Lá, a grande tendência é a tecnologia háptica, sensível ao toque. Aliás, a montadora japonesa Nissan e a empresa especialista nessa tecnologia, Haptx, acabam de lançar luvas especiais para tocar e interagir virtualmente com modelos 3D de carros.

14. Avatares
Aqui, quando pensamos em criar uma marca, logo pensamos em um bom logo e um slogan com uma bela mensagem. No Japão também não pode faltar um mascote. É ele que sempre será o porta-voz da empresa na publicidade.

15. Comunicação visual e exagerada é a lei
Da página inicial do site aos anúncios impressos e outdoors pelas ruas, no Japão, as pessoas gostam de ter todas as informações de que precisam reunidas em um só lugar. Clean é palavrão. Aliás, é este excesso de informação pelas ruas e nos prédios que dá aquela sensação de estar em um filme futurista.

16. Anúncios de aplicativos na televisão
No Brasil, temos muitas startups desenvolvendo aplicativos. Mas ainda não vemos eles nas propagandas de TV. Já no Japão, algo em torno de 20% dos anúncios televisivos são de aplicativos para celular e games.

RECAPITULANDO: RELACIONAMENTO DE VALOR COM IMPRENSA E INFLUENCIADORES

Além de olhar para profissionais e veículos de imprensa, analise também os influenciadores do seu mercado. Sei que já falei sobre isso em diferentes momentos do livro, mas agora falo também para conhecer essas pessoas para tentar se aproximar e manter um relacionamento profissional.

Em algumas áreas como gastronomia, saúde e beleza isso é ainda mais importante.

Eu tenho uma amiga que é nutricionista e um dia dei uma dica que lhe rendeu 2 mil seguidores em um só dia.

Minha sugestão foi para ela listar os atletas de Porto Alegre e, então, se apresentar e **oferecer gratuitamente** o serviço de nutrição esportiva. Um dos caras que se interessou pela consulta com ela foi o skatista Luan Oliveira, um fenômeno do skate.

O Luan visitou o consultório dela, tirou foto com ela e publicou no Instagram. Isso rendeu 2 mil seguidores para ela assim que o *post* foi ao ar, e no meio dessa galera vieram muitos novos clientes!

Imagine quanto ela economizou com anúncios ao conseguir essa visibilidade por oferecer algo de valor gratuitamente para um esportista renomado?

A verdade é que, antes da pesquisa, ela nem sabia que o cara existia. Bastou dedicar um tempinho para pesquisar esportistas na cidade dela e entrar em contato, que o jogo virou para ela.

Pense no grau de exposição que uma oferta gratuita para uma Autoridade Celebridade do seu mercado pode lhe gerar.

Quantas portas vão se abrir?

Quanto você vai faturar a partir disso?

E não desista ao ficar no vácuo ou receber algumas negativas. Tudo é matemática. Se você tentar com 50 pessoas, duas ou três vão respondê-lo, e uma só vai aceitar. E essa única pessoa pode ser suficiente para virar o jogo para a sua marca pessoal.

Lembra-se do funil que eu citei nos capítulos anteriores? É a mesma lógica.

Reforço uma dica prática que mencionei anteriormente: no fim do ano, faça vídeos e um artigo sobre as tendências do próximo ano no seu nicho. E não deixe para fazê-lo no fim de dezembro. Faça já em outubro, no máximo no começo de novembro, e ofereça o artigo para veículos de mídia ou colunistas especializados no seu mercado.

Importante: quando aponta tendências, você atrai a atenção do seu público-alvo e faz o seu mercado olhar para a sua marca pessoal. Passos importantes para você se consolidar como Autoridade Digital.

RESUMINDO...

> - Redes sociais são o melhor lugar para crescer no digital e para vender.

> - Mídias tradicionais são fundamentais para você construir e fortalecer a sua marca pessoal — o famoso branding pessoal — pelo simples fato de que poucas pessoas conseguem ser pauta da mídia tradicional atualmente.

> - É jogo de volume. As pessoas que conquistam os espaços não desistem nunca.

> Como conseguir aproximação com veículos de mídia e influenciadores da sua área? Sempre gerando valor — seja valor financeiro ou de conteúdo. Isso vale para todos os relacionamentos da vida, na verdade.

> Uma forma muito efetiva de gerar valor para alguém é falar sobre essa pessoa. Você pode fazer uma série de conteúdos especiais para falar sobre pessoas que fazem parte do seu público-alvo. Coloque-as no holofote, dê protagonismo a elas e deixe a sua autoridade crescer em conjunto.

COMPARTILHE EM SEUS STORIES

NÃO TENHA MEDO DE SER CRITICADO. TENHA MEDO DE SER IGNORADO.

@TERRADORAFAEL

COMO PERDER O MEDO DE APARECER E COMEÇAR A GERAR OPORTUNIDADES NA WEB

Está chegando a hora! E pela minha experiência no mercado, eu percebo que esse é o momento em que alunos dos meus cursos e clientes das minhas consultorias mais estão animados.

Mas curiosamente é quando mais as pessoas se paralisam. E o motivo é fácil de identificar: é o medo de aparecer na web, motivado principalmente pelo medo dos julgamentos.

Deixe eu lhe dizer uma coisa: **aparecer da forma certa é maravilhoso**.

É por isso que até aqui você leu uma série de estratégias e dicas práticas para fazer com que a sua marca pessoal se torne uma Autoridade Digital querida pelo grande público.

Aparecer da forma certa é sinônimo de gerar oportunidades.

Vamos aos fatos: ou você aparece e tem a sua vida vista pelo seu público de interesse, ou passa a vida vendo os outros aparecerem da forma certa no seu mercado. É a diferença entre ser protagonista da sua história ou estar na plateia assistindo aos outros *players* se destacarem.

Lembre-se: não basta ser bom, é preciso parecer bom.

Sobre ser bom: talvez só você e meia dúzia de pessoas saibam disso.

Por outro lado, **parecer bom** é colocar em prática essas estratégias que vão destacar suas qualidades e diferenciais por meio de conteúdo relevante e de forma consistente, para que as pessoas o percebam como uma boa pessoa e um profissional altamente qualificado.

Só o fato de você estar chegando ao fim do livro já demonstra que você é bom e está se qualificando para ser uma Autoridade Digital. No entanto, ler sem colocar as dicas em prática não será suficiente. Depende de você dar o próximo passo assim que concluir a leitura.

Ninguém vai fazer pela gente, nem mesmo as pessoas que mais nos amam. Portanto, a construção da sua marca pessoal depende somente de você.

E é fato: o medo é o que mais trava as pessoas e as impede de aproveitar oportunidades inesquecíveis.

Convide-se primeiro para o sucesso, depois seja convidado e convide os outros. Não tenha medo de ser criticado. Tenha medo de ser ignorado.

Assim como no começo do livro eu falei sobre a síndrome do especialista, tem também a síndrome do impostor, isto é, pessoas que não acreditam nelas mesmas e acham que o que sabem é muito simples, muito básico.

Olhe, se você não tivesse pelo menos um diferencial relevante para o mundo, você nem estaria se capacitando lendo um livro como este. Nem teria interesse em saber que é possível ser protagonista no seu mercado utilizando a internet e as redes sociais.

Você está entendendo?

Eu resumo isso com uma frase simples e impactante: uma gotinha do seu conhecimento pode ser um oceano de aprendizado para quem não sabe o que você sabe.

Seu conteúdo pode ser transformador para a vida das pessoas!

Uma das coisas que mais me deixa feliz é quando recebo feedbacks de pessoas dizendo coisas como:

Rafa, seu curso me ajudou a construir meu próprio negócio!

Li seu post, ajustei meu conteúdo e vendi muito mais!

Fiz o que você me indicou e consegui novos clientes!

Faça a energia boa girar no mundo. Se você comprou este livro, ou alguma vez comprou cursos e livros de outras autoridades digitais, é porque já foi positivamente impactado pelo conteúdo transformador de alguém.

Não tenha uma mente fechada, orientada pela escassez, pensando que tudo é arriscado e nada vai dar certo. Tenha uma mente aberta e orientada pelo bem de ajudar mais pessoas. Esqueça o medo de que copiem sua marca.

Pelo contrário, abaixe a cabeça e trabalhe para que copiem o que você está fazendo. Porque se copiarem a sua atuação é porque você está no caminho certo. Empoderar os clientes a ponto de servir como fonte de inspiração para eles é algo poderoso que só as Autoridades Digitais conseguem.

Independentemente de você se tornar uma autoridade, a verdade é que julgamentos sempre vão surgir. E está tudo certo.

Quando você tem uma boa mensagem, o mundo vai ouvi-lo mesmo que você não esteja usando terno, que seu cenário nos vídeos não seja maravilhoso, que seu equipamento de trabalho não seja o mais avançado...

O caminho é este: faça um contrato com o mundo. Decida o que você vai fazer e conte para a sua audiência. Essa é uma ótima forma de fazer a roda girar, pois você firma um compromisso com as pessoas de que fará algo.

Depois que concluir o planejamento, informe para o mundo que você vai passar a fazer conteúdo todos os dias no Instagram, por exemplo. Isso vai ajudar a tirar a pressão dos seus ombros e pavimentar o seu movimento para sempre publicar pelo menos uma vez por dia no Instagram.

Quando firma um compromisso com o mundo, você não vai querer deixar de cumprir o combinado, porque sabe que não vai ficar bem na fita, já que as pessoas vão cobrá-lo. Antecipar que você vai fazer algo o faz entrar em uma **agenda mental**.

Quando eu digo "não se encaixote", quero lhe dizer para não se prender a regras subjetivas como:

- Eu tenho que estar com o cabelo milimetricamente arrumadinho.

- Eu tenho que gravar vídeos de exatamente cinco minutos para o YouTube.

- Eu tenho que gravar Reels e TikTok com o mínimo de tempo possível.

- Eu tenho que tirar sempre as melhores fotos.

- Eu tenho que falar exatamente as palavras que estão no roteiro

- Eu tenho que falar com o tom de voz da forma X.

Você tem que ser quem você realmente é e ser feliz!

Portanto, estimule feedbacks, escute as pessoas, mas nunca para se encaixotar, senão você paralisa, e sua marca pessoal não deslancha.

Compartilhar conhecimento é transformador.

Então, resumindo:

- Lembre que você é quem domina os temas do seu mercado.

- Faça roteiros em tópicos para facilitar a transmissão do conteúdo.

- Firme um contrato com o mundo a cada novo passo da sua marca pessoal.

- Você é a sua marca. Ninguém vai fazer por você nem falar por você. É você quem tem que aparecer.

Convide-se primeiro para o sucesso da sua marca pessoal. Logo, logo, os convites para novas oportunidades chegarão até você. Faça também convites para que outras pessoas se tornem protagonistas assim como você se tornou.

Lembre-se: você tem o domínio do tema. Uma dica prática para facilitar o começo de cada novo passo que você vai dar em vídeo para sua marca pessoal crescer é listar em tópicos o que você precisa falar.

Seja vídeo no YouTube, lives, Stories ou a gravação de um curso, leve uma colinha com tópicos para o ajudar. Isso faz você se acostumar com a câmera e ainda fortalece a criação do hábito de gravar vídeos.

Não termine a sua jornada com este livro. Continue estudando, mas não se encaixote. Qualificação é sempre importante, mas valorize a sua autenticidade. O que importa é que o seu conteúdo chegue às pessoas certas e transmita o conhecimento de forma que elas entendam.

COMPARTILHE EM SEUS STORIES

A ÚNICA COISA QUE JAMAIS CONSEGUIRÃO COPIAR DE VOCÊ É A VELOCIDADE EM CRIAR ALGO NOVO, DE NOVO!

@TERRADORAFAEL

COMO LUCRAR COM AUTORIDADE DIGITAL

Tem gente que se orgulha de estar sempre ocupado ou na velha "correria". Estar ocupado ou com a agenda lotada não significa dinheiro no bolso.

A sua busca deve ser por uma ótima remuneração em seu propósito. Reflita sobre isso!

NÃO VENDA. ENSINE!

Compartilhe conteúdo não apenas nas redes sociais e tenha em mente que existem formatos com maior valor agregado: livros, palestras, aulas em faculdades e seus próprios cursos.

Todo profissional que almeja ser Autoridade Digital tem que ensinar. Note que os exemplos mais populares de cada área têm pelo menos um livro publicado.

Hoje, todo mundo tem a oportunidade de publicar um livro pela Amazon, simplesmente a maior livraria do mundo, na qual fica exposto o tema no qual você está se tornando autoridade.

Ao ter acesso a uma boa editora, você também terá seu nome exposto nas maiores livrarias e varejistas do Brasil. Faz com que você una a sua marca pessoal aos grandes *players* do mercado. Isso dá muita autoridade!

Dar aulas em faculdades também fortalece muito a autoridade. Mesmo que inicialmente não renda muito dinheiro, saiba que essa é uma ótima oportunidade.

Como chegar lá?

Você pode reunir uma lista de coordenadores em faculdades (graduação e pós-graduação) e se colocar à disposição para ministrar aulas relacionadas ao seu nicho. É como eu costumo dizer e já escrevi aqui: não espere pelo convite, crie o convite.

Lembre também que as aulas e webinários que você ministra já servem como treinamento para você lecionar em faculdade. Isso sem falar que se você usar o YouTube, como eu recomendo, o conteúdo fica publicado e alcança pessoas no longo prazo, o que contribui muito para o fortalecimento da sua marca pessoal.

É PRECISO CONFIAR EM SI MESMO PARA SER UMA AUTORIDADE

Um dos maiores desafios da conquista de lucro não é a falta de tráfego, e sim a falta de confiança. Ninguém compra nada de marcas sem confiança, sem autoridade.

Por isso que o ato de ensinar gera muita confiança: quem ensina sabe o que faz!

Sucesso é lucro.

Essa frase é meio polêmica, mas eu gosto dela porque a encaro da seguinte forma: não é apenas sobre lucro financeiro, **e sim sobre tudo o que conquistamos**.

Então a Autoridade Digital tem que trazer lucros, sejam eles financeiros ou em forma de realização pessoal.

AÇÕES PARA LUCRAR SENDO AUTORIDADE DIGITAL

O que você espera conquistar com sendo uma Autoridade Digital? A resposta é algo muito pessoal.

Mas vamos agora falar de questões práticas para que você potencialize tanto o lucro financeiro quanto a satisfação pessoal.

O primeiro motor para tudo funcionar é trabalhar em busca de objetivos que vão sempre aumentar a sua realização pessoal.

Pense nos influenciadores que você segue ou nas Autoridades Digitais que você admira muito. Elas estão sempre online produzindo conteúdo porque o combustível delas é ser feliz com o que fazem.

Quanto mais Autoridade Digital conquistar, mais ofertas de trabalhos e parcerias remuneradas você vai conseguir. E assim a roda gira constantemente!

Transforme seguidores em clientes. Aumente a receita recorrente a partir da produção de conteúdo relevante com consistência e dos relacionamentos que você constrói nas redes sociais.

Tenha em mente sempre o que eu digo e repito: engaje gente engajada! Não se preocupe com quem não se interessou pela sua marca. Foque pessoas que se engajam, se engajam, se engajam...

Por mais que ainda não tenham comprado de você, o engajamento constante das pessoas mostra que elas têm interesse. É por isso que eu escrevi antes que **a estratégia vencedora é unir conteúdo com oferta**.

Crie um movimento de venda. Faça semanas com conteúdos sobre um único tema e realize um webinário. Tudo isso engaja as pessoas para que depois você venda algo, como um curso, um livro, uma consultoria etc.

Portanto, não faça da sua presença digital apenas uma máquina de conteúdo e eventualmente traga também oferta de produto ou serviço. Lembre-se: **estude copywriting para obter melhores resultados**.

Outro aspecto que você pode rentabilizar com o crescimento da sua Autoridade Digital é prestar consultoria para pessoas do seu próprio mercado. Esse é um movimento natural. Por quê?

Porque as pessoas também querem conquistar o que você está conquistando. E não tem nada de errado nisso, pois você se torna fonte de inspiração quando conquista o status de Autoridade Digital.

No seu modelo de negócios de consultoria, você pode cobrar por hora ou por pacote. Eu, por exemplo, sempre trabalho com pelo menos quatro encontros de consultoria, porque acredito que, para gerar uma transformação verdadeira, é preciso entender o cliente, criar um planejamento e acompanhar a execução.

Consultoria é uma boa alternativa para aumentar a receita de marcas pessoais de todos os nichos! É um serviço de alto valor agregado que lhe possibilita precificar mais conforme se fortalece como Autoridade Digital.

Crie grupos de mentoria. Essa é uma grande tendência.

É como se fosse uma consultoria, mas em grupo. Você será a marca pessoal mentora de um grupo de pessoas que têm dúvidas muito similares. A verdade é que você otimiza o seu tempo e o dos participantes criando grupos de mentoria.

Além do ganho de tempo, o bacana da mentoria é que não é apenas o mentor que ajuda os mentorados: os próprios participantes da mentoria se ajudam, fazem networking, firmam parcerias e prosperam em conjunto.

Eu faço grupo de mentorias e também participo de alguns como cliente. Um dos que eu já participei funcionava assim: os encontros aconteciam duas vezes por mês durante uma tarde inteira por Zoom. Mas o papo continuava sempre pelo grupo exclusivo no WhatsApp. Mesmo que o mentor não estivesse online o tempo todo, a própria comunidade de alunos se ajudava, pois todo mundo estava na mesma vibe, em busca de objetivos parecidos.

Então você pode ser mentor(a) do seu público-alvo como também de marcas pessoais do seu próprio nicho de mercado.

Assim como a consultoria, esse é um serviço de alto valor agregado que possibilita que você precifique mais, conforme se fortalece como Autoridade Digital.

INFOPRODUTOS: TRABALHE UMA VEZ, GERE VALOR SEMPRE

Os produtos digitais (também conhecidos como infoprodutos) permitem que você transforme o conhecimento em curso online, e-book ou algum tipo de material que ensine algo de valor sem exigir que você esteja presente. Ou seja: seu público aprende o que é importante e você gera renda passiva.

O ramo de infoprodutos só cresce, o que mostra que está longe de saturar.

Os infoprodutos podem ser uma alternativa financeiramente mais acessível para o público que não tem grana suficiente para o contratar como consultor, nem para fazer parte do seu grupo de mentoria. Então você tem várias formas de atuação que podem agradar ao bolso de diferentes tipos de clientes.

Outra dica para você considerar: **palestras online e presenciais**. Os convites para palestrar acontecem com naturalidade à medida que você se consolida como Autoridade Digital. É fato: quem é visto é lembrado.

E se ninguém o convidar para palestrar, está tudo bem: crie seu próprio evento.

Há muitos anos eu realizo o evento Maratona Digital. Convido palestrantes das áreas de marketing digital, social media, design, vídeo e afins, e eu mesmo também palestro.

O que eu quero dizer é que as pessoas certas vão gostar e comprar o seu evento, e realizá-lo vai colocar você cada vez mais no radar do mercado. Além disso, eventos pensados para o seu ramo de atuação fortalecem muito sua Autoridade Digital, mesmo que sejam realizados por você.

Por que digo isso? Porque antigamente as pessoas viam quem estava no palco como celebridades, como algo difícil de atingir.

Hoje não é mais tão difícil de atingir isso, mas a percepção das pessoas ainda é a de que **quem está no palco é uma pessoa relevante** e tem muito o que contribuir para o mercado e para o mundo. Então seja você uma dessas pessoas no palco, mesmo que precise criar seu próprio palco.

PROGRAMAS DE INDICAÇÃO: CRIE UM EXÉRCITO PARA EXPONENCIALIZAR SUA MARCA

Os programas de indicação (também chamados de programas de afiliados) são uma forma maravilhosa de lucrar quando se é Autoridade Digital.

Pense que, ao natural, as pessoas já o indicam para novos clientes porque gostam do seu trabalho ou do seu produto. Agora imagine se elas começassem a ganhar comissão a cada indicação que fizerem e os indicados se tornarem seus clientes?

É assim que funcionam os programas de indicação. Existe uma área do mercado dedicada somente ao assunto, que é chamada de **marketing de afiliados**.

Funciona assim: você destina uma porcentagem do lucro que obtiver a cada produto vendido ou contrato assinado para quem fez a indicação.

Por exemplo: você dividirá 20% da receita gerada pela consultoria que você vendeu porque um afiliado indicou o novo cliente.

Todo mundo fica feliz e você começa a se fortalecer também como uma máquina de vendas, pois outras pessoas estarão vendendo por você. Assim, você começa a escalonar muito rápido!

Pense comigo: digamos que você tenha 30 clientes muito satisfeitos. Se cada um deles o indicar para uma pessoa que se torne seu cliente, você passará a ter 60 clientes. Está entendendo?

Você exponencializa a sua marca gastando pouco e por meio do melhor marketing do mundo: o boca a boca.

Quando a indicação vem de alguém em quem a gente confia, isso tem um valor muito poderoso, que facilita a tomada de decisão. Por isso os programas de indicações/marketing de afiliados são maravilhosos!

REPRESENTE OUTRAS MARCAS RELEVANTES

Por fim, outra forma de capitalizar com a sua Autoridade Digital é ser embaixador de marcas do seu nicho. O funcionamento é simples: produtos ou serviços do seu mercado pagam um valor mensal para que você fale sobre eles.

Eu já fui embaixador de marcas como LeadLovers, Suiteshare, Sebrae-RS, Locaweb, Resultados Digitais entre outras. Todas elas atuam direta ou indiretamente com marketing digital e construção de marcas, mas não são necessariamente minhas concorrentes, então se trata de uma relação de confiança.

Muitas vezes a possibilidade de ser embaixador de outras marcas acontece justamente porque você já usou os produtos ou serviços. Mas vale lembrar que você sempre precisa ser transparente e informar a audiência de que se trata de um conteúdo publicitário.

COMPARTILHE EM SEUS STORIES

QUANDO VOCÊ POSTA NAS REDES SOCIAIS, VOCÊ TRABALHA NA COMPOSIÇÃO DO SEU PRÓPRIO EU. CADA NOVO *POST* É ESTAR NA LEMBRANÇA DO OUTRO. NÃO SEJA LEMBRADO À TOA!

@TERRADORAFAEL

MÉTRICAS DE AUTORIDADE DIGITAL: COMO SABER SE VOCÊ CHEGOU LÁ

Parabéns por chegar até aqui! Estamos na reta final do livro e agora é hora de você saber como identificar que se tornou uma Autoridade Digital.

Eu adoro conteúdo em lista, e esta é uma ótima oportunidade para listar as principais métricas para mensurar o sucesso da tua marca pessoal.

Vamos lá?

DEZ MÉTRICAS QUE COMPROVAM QUE A SUA AUTORIDADE DIGITAL ESTÁ SE FORTALECENDO

1ª Métrica de Sucesso: clientes e seguidores começam a mandar perguntas e depoimentos sem que você peça.

Se os seus seguidores estão perguntando diretamente para você, é porque eles acreditam em você.

Seu Direct não para de receber mensagens do tipo sem que você tenha produzido um conteúdo específico pedindo para que as pessoas entrassem em contato? É sinal de que você está no caminho certo gerando valor para as pessoas!

2ª Métrica de Sucesso: você começa a dizer "não" para convites.

Sim, é essencial aprender a dizer "não". E isso você vai aprendendo com o tempo, caso a caso. Afinal, não dá para fazer tudo ao mesmo tempo em diversos lugares.

Então, se começar a receber convites a ponto de não conseguir dar conta deles, é sinal de que sua Autoridade Digital está crescendo.

Tem uma frase popular de que eu gosto muito, que diz: "Algumas pessoas vão gostar de você até o primeiro *não*".

Então, diga mais "sim" a quem aceita os seus "nãos".

3ª Métrica de Sucesso: os convites para palestrar começam a chegar.

4ª Métrica de Sucesso: você começa a ser procurado por jornalistas para ser fonte de matérias.

5ª Métrica de Sucesso: você começa a receber mais convites para participar de lives.

Esta métrica mostra que você é relevante a ponto de as pessoas quererem levá-lo para o ambiente delas, para perto de quem as segue.

6ª Métrica de Sucesso: a concorrência se torna sua cliente.

Esta é uma métrica curiosa, então, se isso acontecer, tenha certeza de que é porque os *players* do seu mercado querem aprender com você. Por isso falei no capítulo anterior sobre consultorias e mentorias!

7ª Métrica de Sucesso: aumento no número de seguidores.

Essa métrica é a mais conhecida, mais visada e dispensa comentários, né?

Mas reforço: você vai ganhar e vai perder seguidores. É uma balança que pouco a pouco você conseguirá fazer pender muito mais para o lado do crescimento do que da perda.

8ª Métrica de Sucesso: aumento nos salvamentos e nos compartilhamentos do seu conteúdo.

Salvamentos e compartilhamentos são métricas ligadas diretamente à confiança que as pessoas têm em você e no conteúdo que você produz.

9ª Métrica de Sucesso: você começa a receber convites para ser embaixador de marcas do seu mercado.

10ª Métrica de Sucesso: por fim, mas não menos importante, há aumento no faturamento.

Conquistar milhares ou milhões de seguidores não significa ser influente como Autoridade Digital. É por isso que existem muitos casos de pessoas que compram seguidores ou crescem sem uma boa estratégia, e na hora de vender algo não conseguem rentabilizar a própria marca.

Métrica de Sucesso Bônus: ser feliz fazendo o que você escolheu fazer!

A realização pessoal não tem preço. Conquistá-la é sinônimo de ter o combustível necessário para sempre se dedicar mais e mais à sua marca pessoal.

Por isso, trabalhe a ansiedade. **Lembre que reputação é repetição.** Construção de Autoridade Digital é um trabalho perpétuo. Você não chega ao topo da pirâmide e eternamente colhe os frutos sem fazer mais nada.

Então, encontre recursos e mecanismos para cuidar da sua saúde mental para não ser escravo das redes sociais nem do seu próprio trabalho.

A palavra-chave é **equilíbrio**.

E eu gosto de dizer uma frase que resume bem isso: comemore, comemore suas conquistas, mas comemore rápido, porque amanhã você tem outra coisa para conquistar.

O jogo nunca está ganho no mercado nem nas redes sociais. Isso pode causar ansiedade, mas também pode servir para que você encontre o equilíbrio necessário para saber que não existe isso de "chegar ao topo" e parar porque acha que será uma marca eternamente relevante.

O digital muda muito rápido, e isso impacta todos os mercados.

COMPARTILHE EM SEUS STORIES

UMA ÓTIMA FORMA DE AUMENTAR A SUA AUTORIDADE DIGITAL É FAZER AQUILO QUE NINGUÉM FEZ!

@TERRADORAFAEL

DE OLHO NO FUTURO: 20 TENDÊNCIAS PARA AUMENTAR A SUA AUTORIDADE DIGITAL

Uma marca que quer sempre estar com a Autoridade Digital em dia precisa estar de olho nas tendências, ou seja, aquelas oportunidades que estão recém-surgindo ou que ainda não estão saturadas, pois nelas existem muitos espaços para se posicionar e crescer.

Listo as 20 que mais impactarão marcas nos próximos anos:

1) METAVERSO

Veremos uma corrida de marcas entrando no metaverso para conquistarem o primeiro lugar do pódio do seu nicho. Ser a primeira gerará um valor agregado muito importante para a marca em questão.

Aliás, inicie construindo o seu avatar no Instagram, por exemplo. É gratuito e você pode assinar alguns dos seus materiais com o seu "bonequinho". Isso é uma mão na roda

quando não temos fotos novas para as publicações, além de ser supertrend.

2) VÍDEOS CURTOS

Um dos grandes desafios das marcas atualmente é passar a sua mensagem em vídeos curtos no Reels do Instagram, TikTok e Shorts do YouTube. Aliás, esse último é o que mais engaja no quesito de vídeos curtos, já que quatro entre os oito conteúdos mais curtidos no primeiro semestre de 2022 foram postados na plataforma, segundo pesquisa da Winnin.

Essa onda já está aí. *Bora* começar!

3) ESPAÇO PARA O BÁSICO NO TIKTOK

Já aprofundei esse aspecto no capítulo dedicado ao TikTok, mas como tudo na rede social chinesa, essa é mais uma oportunidade que se encaixa como tendência, pois há muito espaço para crescimento.

Volte ao capítulo sobre TikTok e aperfeiçoe a sua estratégia por lá!

4) *REAL TIME* NO INSTAGRAM

Com o *feed* da rede social voltando a ser cronológico, ações *real time* (ou seja, aqueles *posts* publicados na hora em que o fato ocorre) ganharão mais engajamento.

5) EXPERIÊNCIA POR VOZ

O conteúdo de áudio ocupará o primeiro lugar até o fim de 2022, segundo pesquisa da Hubspot. E aproximadamente 43% dos profissionais de marketing B2C planejam aumentar o investimento em podcasts no mesmo ano.

Além disso, hoje plataformas como Spotify impactam muito o ranqueamento no Google. Ou seja, criar um podcast sobre o tema no qual quer aumentar a sua autoridade é uma ótima solução para crescimento.

Outra questão importante nesse sentido é que você pode começar a criar conteúdo com convidados que já sejam Autoridades Digitais. Isso fará com que cada novo episódio seja uma construção na escadinha do posicionamento vencedor da sua marca.

6) RELACIONAMENTO VIA CHATBOTS

Segundo a *Forbes*, ao longo de 2022, 70% de todas as interações entre clientes e marcas devem envolver chatbots em algum nível, com mensagens trocadas pelo celular.

Ter essa estratégia em dia fará com que as pessoas percebam o grau inovador da sua marca, além de atendê-las no momento em que elas realmente estão a fim.

7) LIVE COMMERCE

Se tiverem temas interessantes, as lives continuarão a trazer muito retorno para as marcas. Dica: tenha uma página de inscrição para a live e opte sempre por realizá-la via YouTube.

E lembre-se: engaje gente engajada. Esse deve ser um mantra da sua marca.

8) GOOGLE FOCADO EM COMENTÁRIOS

O Google apresentou sua nova atualização: Product Review Update.

Ela terá foco total em *reviews* de produtos de sites, ou seja, nas avaliações que os usuários colocam, espontaneamente, nos e-commerces após fazerem compras.

Portanto, as marcas terão que criar boas experiências de compra para receber avaliações positivas.

9) ANÚNCIOS NO TELEGRAM

O app de mensagens alternativo ao WhatsApp abriu sua plataforma para publicidade. Os anúncios serão exibidos dentro de canais com mais de mil participantes.

Estar presente por lá é superinteressante para distribuir seu conteúdo. Ter uma editoria pensada para o Telegram também é superválido. Recomendo enviar áudios em seus grupos. Isso humaniza asua marca, pois o mantém sempre próximo de clientes e seguidores.

10) O SENTIDO DE COMUNIDADE E CONTEÚDO PAGO

A pandemia nos isolou e fez com que buscássemos estar com os nossos de forma virtual. E isso aumentou muito a entrada de pessoas em grupos do Facebook, inclusive mediante pagamento, para poderem ficar perto de outros na mesma vibe.

Ou seja: gerar comunidades em torno de um assunto ou comportamento é um grande negócio. Inclusive, o Instagram passará a ter a opção de criadores de conteúdo cobrarem por suas publicações.

Já vá pensando na sua estratégia de conteúdo pago!

11) INBOUND MARKETING COMO ESTRATÉGIA PRINCIPAL

Entre todas as estratégias para captação de *leads*, as pesquisas apontam o inbound marketing como a mais eficaz na construção de laços sólidos com o público e geração de vendas no médio prazo. É o famoso dar para receber!

Pense em criar um e-book, por exemplo, sobre algum assunto que você domine e o distribua na web. Isso gerará uma base engajada e fará com que novos olhares passem a enxergar a sua marca.

12) ANUNCIAR É O BÁSICO

Segundo estudo da Conversion, 69% das pessoas já compraram por meio de anúncios nas redes sociais. E o investimento em Ads deve crescer em 2023.

Ou seja: marcas de todos os portes devem entender de uma vez por todas que mídia social é mídia — e mídia sempre funcionou melhor sendo paga.

Portanto, tenha uma verba mensal para aumentar a visibilidade da sua marca como Autoridade Digital.

13) ESCALA DIGITAL

Estamos trocando a expressão "transformação digital" por "escala digital". Isto é, toda marca deve ter uma oferta online focada em um público e mídia ativa o tempo todo com foco em escalar a venda.

Afinal, não ter algo online para vender é desperdiçar o potencial de lucro da sua Autoridade Digital.

14) MARKETING DE INDICAÇÃO E AFILIADOS

O melhor cliente é aquele que nós já temos e que confia em nosso trabalho. Portanto, transforme seus clientes mais engajados em afiliados do seu produto ou serviço. Uma venda por indicação é sempre mais assertiva se comparada aos demais formatos.

15) UMA NOVA GERAÇÃO DE FREELAS E CULTURA

O trabalho remoto mostrou o quão antigo é pensarmos em contratações apenas de pessoas ao nosso redor, que moram na nossa cidade.

Contratações de outras regiões e culturas enriquecem os times, pois trazem um novo olhar, e isso será uma realidade nas marcas com a escala digital em dia. Tenha em mente que a sua marca está no mundo.

Dê oportunidades para novas culturas entrarem no seu mundo. Afinal, não se faz uma marca vencedora com os mesmos olhares: é preciso ter diversidade!

16) E-MAIL MARKETING COM MAIOR ROI

A cada ano sempre tem especialistas querendo matar o e-mail marketing. Mas o fato é que ele é a ferramenta digital com maior retorno sobre investimento (*return on investment* — ROI). E não investir nisso de forma frequente é rasgar dinheiro.

Crie uma newsletter semanal ou quinzenal com os teus principais conteúdos. Essa é uma forma de mostrar aos seus assinantes que vale a pena continuar ativo na sua base de e-mails.

17) VÍDEOS NO PINTEREST

A rede social da inspiração está com um engajamento incrível em conteúdo em vídeos. Esse tipo de publicação também otimiza muito no Google.

18) MARCAS COM OPINIÃO NO LINKEDIN

Junto com o TikTok, o LinkedIn é a rede social com maior alcance orgânico, e marcas pessoais crescem lá por meio de opinião. Pegue os temas quentes do seu nicho e opine!

19) PLANEJAMENTO, TRÁFEGO PAGO E COPY

Estes serão os três pilares de uma estratégia de marca bem-sucedida no digital.

- Planejamento para saber o caminho a trilhar.
- Tráfego pago, ou anúncios, para expandir a mensagem.
- Copy, conteúdo persuasivo, para que as ofertas realmente gerem receita. Procure mais conhecimento sobre estas três áreas.

20) SLOW CONTENT

Por fim, estamos entrando em uma era em que o foco do conteúdo deverá ser longo, com qualidade e com patrocínio.

O *slow content* tem como objetivo postar menos e focar mais a qualidade, sempre investindo grana para anunciar essas publicações feitas em menor volume. Você pode fazer, por exemplo, conteúdo muito qualitativo uma ou duas vezes na semana e investir em ambos para que vivam por mais tempo.

Se fizer sentido para você, troque 1 milhão de *posts* nos Stories por conteúdo que realmente irá impactar seus seguidores de forma relevante, para criar um engajamento verdadeiro.

COMPARTILHE EM SEUS STORIES

POTENCIALIZE SEUS SUCESSOS.

TERCEIRIZE SEUS PROBLEMAS.

@TERRADORAFAEL

LISTA: 15 PRINCIPAIS DÚVIDAS SOBRE AUTORIDADE DIGITAL

O ponto final deste livro é outro guia rápido para você consultar em diferentes momentos da sua jornada rumo ao topo da Pirâmide da Autoridade Digital. Passe por aqui sempre que surgir alguma dúvida, pois confio que a resposta está aqui e vai ajudá-lo a não travar na caminhada.

Boa leitura!

1) PRECISO TER UM PERFIL PESSOAL E OUTRO PROFISSIONAL?

Tudo é pessoal. Se as pessoas não gostarem de você, provavelmente elas não o irão contratar. E não tem nenhum problema em trazer uma pitada do pessoal para o perfil profissional: muito pelo contrário, isso humaniza e cria conexão com os clientes.

Por outro lado, é muito ruim quando a gente pesquisa alguém nas redes sociais e encontra vários perfis. Imagina um médico que tem um perfil pessoal, um profissional e um da clínica dele... A gente fica sem saber qual seguir.

Eu sempre digo que tudo que a gente foca cresce, então eu recomendo muito que você tenha um único perfil com cunho profissional e pitadas de pessoal. Obviamente você não precisa trazer tudo que é pessoal no seu perfil, mas algumas questões são bem importantes de abordar, para gerar empatia e conexão.

Lembrando que isso é uma regra para profissionais. Se você tiver uma empresa, obviamente a sua marca empresarial também precisa ter contas nas redes sociais, mas, aos profissionais, recomendo ter só um perfil comercial no qual traga um conteúdo humanizado, relevante e que o mostre como autoridade para o público.

2) É NECESSÁRIO POSTAR TODOS OS DIAS MESMO?

Não. A regra é sempre ser relevante e ter qualidade. Inclusive tem um movimento bem popular que se chama *slow content*, que mencionei no capítulo sobre tendências.

Agora, não sejamos ingênuos: quando está começando a construção de Autoridade Digital, você precisa, sim, ter mais postagens, apostar em volume de conteúdo. Porque se você está construindo um nome, e as pessoas chegam ao seu perfil e não tem nada sobre aquilo em que você diz ser expert, provavelmente não vai gerar valor para a audiência.

Então, em resumo, no início da construção da sua Autoridade Digital é importante, sim, um volume maior de postagens: no mínimo três vezes por semana, e se conseguir ter conteúdo diário é ótimo, pois as pessoas, quando gostam de uma marca, sempre vão querer mais.

Basta pensar nas suas séries favoritas. Quando acaba uma temporada, você logo quer outra, não é verdade? Então não pense que você vai ser chato se postar todos os dias — se as pessoas gostarem do seu conteúdo, elas sempre vão querer mais!

Agora, quando você já construiu um posicionamento forte e reconhecido pela audiência, você pode se dar ao luxo de postar menos. Mas postar menos não é esquecer os seus seguidores. Seria o caso de postar menos, mas com uma constância que os seguidores saibam quando você vai publicar.

Reforço: se quer crescer rápido, você precisa se concentrar em publicar diariamente nas redes sociais.

3) NÃO VÃO ME ACHAR BLOGUEIRINHO SE EU ESTIVER MAIS PRESENTE NAS REDES SOCIAIS?

Eu sempre digo que aparecer do jeito certo é criar oportunidades. Então, se alguém lhe falar que você está aparecendo, diga à pessoa: *Eu não estou aparecendo, eu estou criando oportunidades.*

De novo, é um jogo de atenção: quanto mais você aparece para o público certo, mais oportunidades você gera junto a essas pessoas.

E outra coisa: não se preocupe com a opinião dos outros no início da construção da sua Autoridade Digital, porque é você que sabe aonde quer chegar, é você que tem o sonho de construir uma marca pessoal importante no seu mercado. E ninguém vai construir esse sonho por você.

Dê menos valor às pessoas que estão ao redor, porque só você será o responsável por conquistar a Autoridade Digital para a sua própria marca.

Resumindo: quanto mais crescer, mais receberá feedbacks positivos e negativos, pois toda grande marca recebe elogios e críticas.

Só não é criticado quem não faz nada. Portanto, continue com estratégia e não pare, porque uma marca é engrenagem: ela perde, ela ganha, e o sucesso acontece pela continuidade.

4) PRECISO REALMENTE TER APENAS UM NICHO?

Não necessariamente.

Eu mesmo trabalho com diversos temas dentro do nicho marketing digital: falo muito sobre Instagram, escrevi um livro sobre Instagram Marketing; agora você está lendo um livro sobre Autoridade Digital; ministro o Social Media Camp, em que abordo as principais redes sociais do momento; entre outras iniciativas que eu crio. Então, atuo em subnichos no mercado de marketing digital

Obviamente, quando a gente se agarra a um único tema, a um subnicho, a chance de gerar uma percepção de valor com consistência acontece mais rapidamente, porque você se dedica só a uma coisa.

Há também quem goste de ser generalista, mas queira trabalhar para ser uma Autoridade Digital. Nesse caso, o fundamental é não se desviar do tema principal. Se você quer ser referência em marketing digital, você não vai tentar ensinar a fazer bolos, certo?

Pense sempre o seguinte: o que você vai falar flerta com o tema principal do seu negócio?

Eu falar sobre Autoridade Digital e Instagram Marketing tem tudo a ver com marketing digital.

Lembrando que somos seres humanos e temos hobbies. E vejo muita gente transformando os próprios hobbies em negócios digitais. Daqui a pouco, o seu hobby pode ser a base para você construir sua Autoridade Digital, fazendo o que você gosta de fazer.

Então a resposta é não, você não precisa obrigatoriamente focar apenas um nicho. Fato é que o seu público precisa estar conectado com esse único nicho.

Não adianta você constituir uma Autoridade Digital no ramo imobiliário e de repente começar a falar apenas sobre um hobby pessoal. Isso não vai gerar conexão com a presença digital que você está construindo.

Então se chegar um momento em que você tenha questões muito diferentes para querer ser uma Autoridade Digital, é melhor criar perfis diferentes em redes sociais diferentes, para que cada tema se conecte com os públicos certos. Pense nisso.

5) EXISTEM ALGUMAS COISAS QUE SERIA MELHOR NÃO FALAR NAS REDES SOCIAIS?

Com certeza. Autenticidade não é falar tudo o que pensa: isso é descontrole. O limite do que falar nas redes sociais é não ferir alguém.

Se o que você pensou em dizer vai ferir alguém, não publique. Evite temas muito polêmicos, como política, futebol, religião, questões que normalmente dividem as pessoas.

Infelizmente vivemos em um país, e em um mundo, na verdade, muito polarizado politicamente. Então tem coisas que é melhor falar em uma roda de amigos do que publicar online.

Não seja lembrado à toa. Não diga nada online que você não colocaria em um enorme outdoor junto com a sua foto. Uma vez colocado na web, as pessoas tiram *print* e geram uma confusão, inclusive o cancelamento.

Uma dica de Autoridade Digital nesse sentido é você fazer uma varredura na web em toda sua vida digital antes de começar a construir seu posicionamento. O que você falou na internet há 15 anos pode não ter nenhuma relação com quem você é hoje.

O mundo evoluiu muito de lá para cá, basta ver as novelas que passavam nos anos 1980 e 1990: muitas coisas que eram faladas antigamente hoje seriam punidas, canceladas, porque a cultura mudou. E é muito importante a gente mudar junto.

Sempre pense: isso vai ferir alguém ou vai ajudar alguém? Não seja lembrado à toa.

6) PRECISO ESTAR PRESENTE EM TODAS AS REDES SOCIAIS?

Não, mas é bom sempre pensar o seguinte: existem as redes sociais de posicionamento e as de engajamento.

Posicionamento: o conteúdo tem vida longa. É o caso dos vídeos no YouTube.

Engajamento: o conteúdo recebe o engajamento na hora e poucas horas (ou dias) depois é esquecido. É o caso de *posts* no Instagram e no Twitter, por exemplo.

Ambas são importantes, mas você precisa saber que, nas redes sociais de engajamento, você precisa produzir mais conteúdo com regularidade.

Nas de posicionamento, como YouTube, Pinterest e LinkedIn, você pode se dar ao luxo de produzir menos conteúdo, mas precisa focar as palavras-chave com que queira aumentar a sua autoridade.

O importante é mesclar a presença em redes de posicionamento e de engajamento. As de posicionamento são o que o fortalece no longo prazo, e as de engajamento refletem o seu dia a dia, nas quais você vai nutrir os relacionamentos interagindo com o público.

Tenha em mente também que você deve começar pelas redes sociais em que estará mais disponível para produzir conteúdo.

Você escreve melhor? Foque o LinkedIn.

Se sai melhor em vídeos e sabe editar? Vá para o YouTube, Instagram e/ou TikTok.

Manja de design? Foque o Instagram, faça bastante conteúdo principalmente em carrossel.

A rede social escolhida tem que estar ligada com o tipo de conteúdo que você mais se sente confortável em produzir. Porque quando se sente bem produzindo, você é mais autêntico, real, e as pessoas percebem e dão mais valor a isso. Sem falar que se torna mais fácil virar um hábito.

7) DEVO REPETIR CONTEÚDO NO DIGITAL SOBRE AQUELES TEMAS EM QUE QUERO AUMENTAR AUTORIDADE?

Sim. Reputação é repetição. Você só cria autoridade sobre aquilo que você repete, mas repete com CRIATIVIDADE.

É o famoso requentar temas. Sim, às vezes você vai ter que repetir o tema.

Reforço: você vai perder e ganhar seguidores constantemente. E as pessoas que começam a segui-lo podem não ter conhecimento sobre o que você falou anteriormente.

Então é importante que você olhe para o passado e veja quais conteúdos mais engajaram e traga esses conteúdos ao presente: atualize-os com novos dados, pois novas informações vão transformar o seu conteúdo velho em novo.

8) ACHO AMADORISMO ALGUNS DOS MEUS CONTEÚDOS, MAS ENGAJAM. PRECISA SEMPRE TER UM BOM DESIGN ENVOLVIDO?

Não. Eu sempre digo o seguinte: um ótimo design não impacta tanto como uma boa história.

O que você está contando é relevante ou novidade para o seu público-alvo? O *timing* é muito importante nas redes sociais, e até aproveito para citar um exemplo pessoal para você entender como eu quebro meu design eventualmente.

Eu tenho um profissional de design que cria as artes dos meus *posts* conforme a rotina de produtividade que eu citei anteriormente.

Só que quando eu acho uma notícia muito quente sobre o Instagram, notei que fazendo o conteúdo direto no bloco de notas e postando na hora, para aproveitar o *timing*, eu viralizo muito mais do que se colocasse na pauta do designer para publicar depois de algum tempo.

Então tenho feito alguns conteúdos pelo próprio bloco de notas do smartphone. E esses conteúdos têm um grau viral muito alto, porque:

- São relevantes para o meu público-alvo.
- Trazem uma novidade que a audiência ainda não viu.
- São relevantes no contexto atual.

Em resumo, o design é, sim, importante para a construção de marca, mas hoje as pessoas não querem a perfeição: elas querem a relevância com conteúdo. É sempre melhor fazer do que não fazer.

9) NÃO ME ACHO AUTÊNTICO. COMO POSSO TER CONTEÚDO QUE ENGAJA MESMO ASSIM?

Hoje a gente vive no mito da autenticidade. Muitos pensam que para bombar no digital as pessoas precisam ser mega-autênticas.

O que é a autenticidade? É o seu jeito de falar sobre as coisas, é a sua opinião e o seu olhar sobre as coisas.

Muitas vezes as pessoas acham que não são autênticas porque aquilo que vão falar já foi dito por muitas outras. Veja bem, praticamente tudo já foi falado no mundo.

Então é o seu modo de falar que vai torná-lo autêntico, e não o fato de ser o primeiro a falar sobre uma novidade na área.

Outro ponto importante: não mate alguns "defeitos" seus, pois podem ser os diferenciais que o tornam autêntico.

10) O QUE FAZER SE MEU TRABALHO FOR CRITICADO?

Com certeza haverá críticas. Todo mundo recebe críticas, faz parte do jogo. Nós seremos reflexo do que escolhemos fazer com a crítica. Podemos:

- Aprender com a crítica.
- Irritar-nos com a crítica.
- Não dar atenção à crítica.

O importante é sempre olhar para a **intenção da crítica**. Se for uma crítica vazia, simplesmente uma forma de desmerecer seu trabalho, ignore-a e *segue o baile*.

Se for uma crítica construtiva, que possa ajudar a melhorar seu trabalho, ela vai fazê-lo crescer.

Não deixe a crítica negativa ser quem dita as regras do seu trabalho.

Todos os produtos que eu vendo, como meus cursos em plataformas de ensino online e meus livros na Amazon, recebem críticas positivas e negativas. No caso da Amazon é pior, porque o e-commerce dá destaque aos comentários negativos.

Se eu fosse me prender às críticas ruins na Amazon, eu não escreveria este livro que você está lendo e paralisaria, não buscaria inovar e gerar valor para meu público-alvo.

Ao mesmo tempo que têm críticas ao livro com intenções nitidamente negativas, também há comentários maravilhosos, feedbacks contando a transformação que o *Instagram Marketing* ajudou a fazer na vida e nas empresas das pessoas que o compraram.

Então eu me apego ao que me acrescenta: o reconhecimento do meu trabalho, os comentários que relatam como eu fui útil na vida das pessoas, e também as críticas construtivas que podem me ajudar a melhorar e a inovar constantemente.

Jamais deixe uma crítica negativa parar você. A intenção de muitos *haters* é justamente pará-lo. Filtre o que pode ser útil para você crescer e siga em frente.

11) COMO CRIAR E MANTER A AUTORIDADE?

Você vai manter o status de autoridade se estiver sempre em movimento. É o famoso **criar algo novo de novo** — guarde essa frase!

Quem vive de passado é museu. Não viva apenas do que você já conquistou e dos certificados que têm na parede. Uma marca pessoal é como uma empresa: sempre tem que olhar para o futuro. Como manter os olhos no futuro? Atualizando-se constantemente.

Você sempre tem que estar em movimento, seja aprendendo coisas novas no seu nicho, ensinando as pessoas, criando novos produtos e serviços, e mostrando os bastidores de tudo isso.

Uma marca pessoal que está em constante aprendizado não vira refém da saturação. Saturação só existe na mente de pessoas saturadas. E elas se saturam quando escolhem não seguir em frente, não se atualizar, não se movimentar.

Inove pensando no seu público-alvo, para que os clientes conquistem melhores resultados. Esse é o ciclo que mantém a sua marca como uma autoridade no mercado.

12) MELHOR CONTRATAR ALGUÉM OU UMA AGÊNCIA PARA ME AJUDAR NA MINHA AUTORIDADE DIGITAL?

Sendo sincero, não há mérito nenhum em fazer tudo sozinho. Ninguém é expert em tudo.

Eu, por exemplo, não sou bom em design, então conto com o serviço de um designer profissional para fazer meus criativos e de um videomaker para editar meus vídeos, Reels, TikToks e cursos online.

Apegue-se ao que você é bom, pois tudo o que você focar vai ser potencializado.

Se você é bom falando, crie um fluxo de trabalho em que você envia áudios para um social media transformar em texto. Ou contrate um ghostwriter, que é o profissional que transforma o seu conhecimento em conteúdo, como se você mesmo estivesse escrevendo.

Foque o que você é bom, terceirize o que não é.

Agora, mesmo que você terceirize o que não é bom, ao menos estude o básico para saber conversar e especificar bem seus objetivos para os profissionais ou para a agência que decidir contratar.

Não limite o seu crescimento por medo de perder o controle da sua marca. Às vezes é importante, sim, abrir mão de algumas questões e terceirizar, porque ninguém é bom em tudo, nem em fazer tudo sozinho. Ter uma equipe com experts em diferentes áreas só vem para somar aos seus resultados.

13) AINDA NÃO TENHO PROVAS SOCIAIS. DEVO ESPERAR PARA COMEÇAR A VENDER NO DIGITAL?

O melhor momento para começar foi ontem. Ou seja: sempre é um bom momento para iniciar algo.

Vá conquistando as provas sociais ao longo do caminho.

Agora, uma coisa bem importante em que deve pensar é que, no curto prazo, você precisa aplicar estratégias para gerar essas provas sociais. Afinal, ninguém quer provar um remédio que ninguém nunca tomou. Comece com depoimentos de amigos, familiares e clientes que você já tem.

Digamos que você queira fortalecer sua Autoridade Digital para trabalhar com gestão de redes sociais. Trabalhe para amigos e parentes que tenham o próprio negócio e faça a gestão dos canais digitais deles. Comece a gerar as provas sociais a partir dos resultados gerados para essas pessoas.

Tentar vender algo sem ter as provas sociais pode gerar dúvidas no curto ou médio prazo, pois seus potenciais clientes podem achar que você está vendendo algo que nunca executou.

Dois aspectos muito importantes para a Autoridade Digital são a prática no mercado e os resultados obtidos para os outros.

Então, sim, comece com o que você tem agora, mas ainda no curto prazo aplique as estratégias que você leu ao longo deste livro para gerar as provas sociais o quanto antes.

Afinal de contas, somos aquilo que o outro fala que somos.

14) SOU UMA PESSOA TÍMIDA, NÃO GOSTO DE APARECER. TENHO COMO CRIAR AUTORIDADE?

Tem, sim. Existem alguns *cases* de Autoridades Digitais que conseguiram se destacar sem aparecer.

Um *case* bem interessante é o Branding Lab (@branding.lab), que fatura bastante no digital falando sobre branding sem necessariamente ser uma marca pessoal nem ter uma persona de marca presente a todo momento.

Então, sim, é possível, mas são casos mais raros. Por que mais raros? Porque logotipos não são humanizados. É mais desafiador gerar empatia se o relacionamento não acontece com a outra pessoa.

Não existe linguagem que mais gere conexão do que conteúdos em vídeo. Então é importante criar uma editoria nesse sentido, até porque hoje a linguagem global é o vídeo.

Uma dica que eu tenho para você destravar diante das câmeras é: peça para alguém lhe fazer perguntas sobre a sua área e ligue a câmera sutilmente. Quando a gente responde algo ao outro, sai naturalmente. Agora, quando a gente pensa: "Nossa, vou falar sobre isso para uma câmera", parece que há um bloqueio.

Resumindo: as pessoas ficam menos tímidas quando respondem às perguntas dos outros.

Liste dúvidas sobre a sua área e peça para alguém perguntar. Grave como se fosse um bate-papo, e não necessariamente um vídeo só com você e a câmera.

Você verá que essa mudança vai destravá-lo e gerar mais possibilidades de produzir conteúdo. Dessa forma, poderá otimizar seu planejamento fazendo vários vídeos em uma única sessão de gravação. Ainda, transforme-os em microvídeos.

15) PRECISO DE MUITO DINHEIRO PARA CONSTRUIR A MINHA AUTORIDADE DIGITAL?

Não, de forma alguma!

O que você precisa é ter conhecimento prático do seu nicho e obter resultados relevantes para os clientes. Não é sobre ter dinheiro, e sim sobre compartilhar a sua expertise para solucionar problemas e ajudar as pessoas a conquistarem melhores resultados.

Uma das coisas mais importantes para fazer quando não se tem muita grana para investir é aproveitar o que está dando certo nas redes sociais, surfar nas ondas do momento. Porque quando você surfa na onda certa, a plataforma o ajuda a chegar a mais pessoas.

Descobrir o que está dando certo em cada rede e criar conteúdo em cima disso o ajudarão a potencializar o seu negócio.

Agora, eu estou aqui para contribuir com a inteligência digital da sua marca e, portanto, não posso enganá-lo: é importante, sim, que no médio prazo você separe uma verba mensal principalmente para aumentar a sua audiência, porque quanto mais *leads* você tem, mais oportunidades você cria.

Aí está a grande virada de chave que trabalhamos ao longo deste livro: tem gente muito boa perdendo oportunidades para profissionais nem tão bons assim, mais por causa do número de seguidores do concorrente do que por, de fato, ele ser uma autoridade no mercado.

Para construir a exponencialização, é preciso verba para anúncios, sim!

Quando puder, invista. Mas não paralise a sua estratégia por falta de dinheiro. Ok?

Boa sorte!

AUTORIDADE DIGITAL

O primeiro passo — superimportante — foi dado! Agora, anote aqui os insights gerados, para logo colocar em prática todas as estratégias que vão levá-lo ao patamar mais alto da Pirâmide da Autoridade Digital:

_____
_____
_____
_____
_____
_____
_____
_____
_____
_____
_____
_____
_____
_____
_____
_____
_____
_____
_____
_____
_____
_____
_____
_____
_____
_____
_____

@terradorafael

COMPARTILHE EM SEUS STORIES

AS PESSOAS AMAM COMPARTILHAR AQUILO QUE ELAS NÃO TIVERAM CORAGEM DE FALAR!

@TERRADORAFAEL

CONSIDERAÇÕES FINAIS: VEJO VOCÊ AQUI, NO LADO DA AUTORIDADE DIGITAL

Parabéns! Espero de coração que este livro tenha ajudado você.

Os ensinamentos que trago aqui são fruto de quase duas décadas de atuação no mercado digital e de muito consumo de conteúdos de autoridades em áreas que agregam ao meu trabalho diário.

Você sabe onde me encontrar: fale comigo no Instagram **@terradorafael**. Vou adorar receber seus feedbacks sobre o livro, e também quero saber como está sendo a sua jornada rumo a se tornar uma Autoridade Digital!

Uma última dica rápida: agregue à sua mente os melhores conteúdos da sua área e dos segmentos que mencionei ao longo do livro. Isso irá expandir seu repertório com qualidade e o ajudará a se destacar no mercado. Nutrir a mente com conhecimento é o adubo para você criar bons conteúdos.

E aquilo que você sabe que não é para você... lembre-se de aprender o básico, terceirizar os problemas e saber como dialogar com os profissionais qualificados que somarem à sua equipe.

Obrigado pela atenção. Nós nos vemos em breve!

Um abração,

Rafael Terra

SUGESTÃO DE LEITURA:

INSTAGRAM MARKETING
Rafael Terra

DVS EDITORA

www.dvseditora.com.br

GRÁFICA PAYM
Tel. [11] 4392-3344
paym@graficapaym.com.br